_____ 께

인생의 언덕 하나를 또다시 넘고 있는 그대가
지나온 날들을 자신의 것으로 온전히 받아들여 끌어안고,
앞으로의 생을 새롭게 디자인할 때
이 책이 작은 이정표가 되길 바랍니다.

당신의 멋진 후반생을 응원합니다!

행복한
이모작
학교 2

50+를
위한

심리학
수업

행복한
이모작
학교 2

50+를 위한

심리학
수업

강현숙 지음

궁리
KungRee

서문

10여 년 전부터 서점가에 새롭게 등장한 코너가 있다. 바로 자기계발서 분야인데 새롭게 출간되는 책들 중에서 상당한 비중을 차지하고 있다. 이처럼 자기계발서가 많은 인기를 끄는 이유는 수명이 길어지고 의식주가 어느 정도 해결되어 자기계발의 욕구가 예전보다 커졌기 때문이라고 할 수 있다. 또 다른 이유로는 불경기가 점점 심각해져 뭔가를 준비해야 한다는 막연한 압박감을 느끼기 때문일 것이다.

이런 분위기로 인해 20~30대의 젊은이들뿐 아니라 이제 인생 후반전을 새롭게 준비해야 하는 50플러스(+)들에게도 자기계발서는 인기가 많다.

반면에 자기계발서에 대해 비판적인 시각을 갖는 사람들 또한 늘어나고 있는 추세다. 책들의 제목('~하는 법')이 암시하듯이 많은 자기계발서들이 '이거 해라' 혹은 '저거는 하지 마라'는 식의 해결책들을 제시하고 있는데, 이 모든 것이 정답이 될 수는 없다. 이유인즉 책을 쓴 저자들의 상황과 형편이 책을 읽는 독자들의 것과 전혀 다를 수 있기 때문이다.

필자 또한 쏟아져 나오는 자기계발서들을 보면서 비슷한 아쉬움을 느꼈는데, 왜냐하면 나다운 행복한 삶은 '자기이해'에서부터 시작해야 한다고 생각하기 때문이다.

특별히 오십 이후는 나 자신의 존재 의미 즉 삶의 궁극적인 목적을 찾아 고민하는 시기이기 때문에 진지하게 '나 자신'에게 관심을 갖고 '본연의 나'로 살기 위해 애를 쓰는 수고를 아끼지 않는다. 그렇기 때문에 '자기이해'는 오십 이후의 삶을 준비할 때 가장 먼저 필요하다. 그리고 무엇보다도 '자기이해'는 심리학을 통해 많은 도움을 받을 수 있다.

지금으로부터 1년 6개월 전 지인에게서 전화를 받았다. 시립 동작노인복지관에서 어르신들이 '심리학 강좌'를 요청해서 개설했다며 강의를 부탁하였다. 놀랍고 반가웠다. "아니! 어르신들이 심리학 과목을 개설해달라고 하셨다고!" 기분 좋게 요청을 받아들였다. 아마도 전국의 복지관에서 처음으로 심리학 강의가 개설된 것 같다.

대학에서 심리학을 가르치고 있는 필자는 다시 한 번 놀랐다. 공휴일이어서 빠진 수업도 어르신들이 보강으로 듣고 싶다고 하셨기 때문이다. 그래서 거의 전원이 참석한 가운데 두 시간이나 그것도 연속으로 보강을 하였다.

한 학기는 22주로 짜여 있는데, 벌써 세 번째 학기가 끝나가고 있다. 매학기마다 30여 명쯤 되는 수강생들 중 결석생이 거의 없다. 복지관에서도 신규강좌는 수강철회를 많이 하는데, 이 강좌는 그런 경우가 거의 없어서 깜짝 놀랐다고들 한다. 이제는 대기자까지 생겼다.

수업시간에 배우는 여러 심리이론들을 통해 지금까지의 삶을 돌아보며 성실하게 살아온 자기 자신을 위로하고 가족들을 포함한 주변 사람들을 이해하며, 지나온 삶에 의미를 부여할 뿐만 아니라, 남아 있는 앞으로의 삶을 행복하게 보내기 위해 심리학적 도움을 받고자 하는 배움의 열기 앞에서 필자 또한 매시간 정성스럽게 준비를 하지 않을 수 없었다.

어느 어르신은 이런 아쉬움도 표현하셨다. "교수님, 지난번 수업 때 소개한 『화성에서 온 남자 금성에서 온 여자』를 읽고 있는데 너무 재미있고 유익하네요. 이런 책을 좀 더 젊어서 읽었더라면 더 잘살았을 것 같아요."

또 다른 어르신은 90세이신데, 수업을 마치고 돌아가실 때마다 "유익한 말씀, 너무 감사해요"라는 인사를 잊지 않으신다.

종강시간에는 여러 어르신들로부터 '최고로 인기 있는 수업', '지금까지 들어온 과목 중에서 가장 유익한 수업'이라는 말들을 들었는데, 그런 말들이 도전과 계기가 되어 그동안 강의한 내용들을 책으로 엮게 되었다.

책 제목을 '50+들을 위한 심리학 수업'이라고 정했는데, 그 이유는 노년으로의 여행을 앞둔 50+들이 읽으면 마치 여행을 앞두고 그 여행지를 다녀온 사람으로부터 여행지에 대해 세세한 안내를 받는 것처럼 자기 자신을 이해하고 앞으로의 삶을 살아가는 데 큰 도움을 받을 수 있을 것이라 생각했기 때문이다.

내 행동들을 잘 관찰해보면서 나 자신이 가진 욕구나 감정뿐 아니라 성격을 이해하고 나아가 관계 속에서 '서로의 다름'을 깨닫고 인정함으로써 건강한 소통과 행복한 삶을 누리기 원하는 모든 50+들에게 일독을 권하고 싶다.

2017년 6월

강현숙

차례

1부

'나'에 대해
알고 싶은 것들

1강

심리학이란 무엇인가?

인간의 마음과 행동을 들여다보다

심리학은 과연 뭘까요? 심리학(心理學)이란 한자를 풀어보면 마음의 이치를 연구하는 학문이라는 뜻인데, 마음이 눈에 보이나요? 당연히 보이지 않지요. 그럼 마음은 무엇으로 드러날까요? 바로 행동으로 드러납니다. 그래서 심리학을 '인간의 마음과 행동에 대해 연구하는 학문'이라고 정의합니다.

그런데 이런 정의는 너무 광범위하고 또 추상적이지요. 그래서 제가 심리학에 대해 공부한다는 것을 어떻게 비유해서 말씀드리면 좋을까 하고 고민을 많이 했는데요, 이렇게 생각하면 좋을 것 같아요.

심리학 공부는 마치 여행을 먼저 갔다 온 사람이 앞으로 여행을 계획하고 있는 사람들에게 여행 다녀온 이야기를 들려주는 것과 같다고 할 수 있지요. 그러니까 인도여행을 가려고 준비하는 사람이 인도여행을 하고 온 사람의 여행 이야기를 듣고 나면 준비하는 데 많은 도움을 받을 수 있는 것처럼 말이죠.

예를 들어 대학에서 교양으로 심리학 과목을 수강한 학생이 결혼을 했어요. 심리학에는 아이들에 대한 발달정보들도 다루고 있지요. "돌이 되면 최소한 붙잡고 서서 걷는다, 두 돌 정도가 되면 말을 잘 한다. 세 돌이 되면 친구들과 어울리기를 좋아할 뿐만 아니라 이성의 부모인 그러니까 아들 같으면 엄마에게 더 애착의 감정을 느껴서 아빠를 라이벌로 생각하고 아빠로부터 엄마를 분리시켜 자신이 독차지하려는 모습이 보인다"라고 말이죠.

이런 것들을 공부한 학생이 결혼을 했을 때 어떨까요? 아이를 키우면서 "어, 돌이 되었을 때는 걷는다고 했는데 우리 애는 왜 서지도 못하는 거지?" 하면서 병원을 찾아갈 수도 있고, 또 "두 돌이 되면 말을 잘 한다고 했는데 왜 우리 아이는 아직 '엄마'라는 소리밖에 못 하는 걸까?" 하면서 상담실에도 가볼 수 있고… 이런 식으로 아이들을 키울 때 여러 가지 도움을 받을 수가 있겠지요.

또 한 가지 예를 들면 노인복지관에는 대부분 웃음치료 강의가 개설되어 있습니다. 왜 그럴까요? 나이 들어갈수록 얼굴표정이

굳어지고 잘 안 웃으시니까 일부러라도 웃으시면 행복하고 또 젊게 살아가는 데 도움이 되지 않을까 하는 것입니다.

어느 연구결과에 의하면 어르신들의 표정이 하도 애매모호해서 화가 나신 건지 기분이 좋으신 건지 아니면 우울하신 건지 알아채기가 쉽지 않다고 해요. 갓난아기들과 어린아이들은 얼굴표정에 감정이 다 드러나는데… 이것은 아마도 나이 들수록 이런저런 이유로 감정표현을 억누르다보니까 그렇게 된 것 같아요.

인간의 얼굴표정연구에서 더 나아가 뇌에 대한 연구를 하다보니까 엔도르핀, 세로토닌, 도파민 이런 신경전달물질의 분비가 나이 들수록 점점 줄어든다고 합니다. 특히 세로토닌은 칭찬을 받았을 때처럼 우리의 기분을 좋게 해주는 물질이지요. 그러니까 사람이 아무리 우울한 일을 많이 겪어도 자고 일어나면 또 이렇게 하루를 살아갈 수 있는 것은 바로 세로토닌이라는 물질이 뇌에서 매일 분비가 되기 때문인데, 나이가 들수록 점점 그 분비량이 줄어듭니다.

그런데 웃음치료 등을 하면서 많이 웃으면 얼굴 근육이 막 움직여지잖아요. 그러면 근육들이 움직이면서 세로토닌이 분비되는 부분을 툭툭 쳐주는 겁니다. 그렇기 때문에 웃음치료시간을 통해서 억지로라도 웃으면 세로토닌이 분비가 되고 그러다보면 기분도 좋아지겠지요. 이렇게 웃음치료를 복지관이나 경로당 강좌에 필수로 넣는 이유도 바로 심리학의 도움을 받았다고 볼 수 있겠지요.

인간의 행복을 도와주는 심리학

이처럼 심리학 공부를 하면 살아가면서 부딪치는 문제들에 좀 더 지혜롭게 대처할 수 있는데, 곰곰이 생각해보면 심리학은 우리보다 앞서 살아간 사람들이 삶 속에서 경험한 내용을 결국 이론으로 정리한 것이라고 할 수 있지요. 그러니까 심리학은 그렇게 어려운 것도 아니에요. 제가 여기서 강의를 하다 보면 어르신들이 "난 그거 아이 다섯 명 키우면서 진작 깨달았지", "내가 알고 있고 또 별것 아닌 것이 중요한 심리학 이론이라고?"라는 생각을 하시게 될 겁니다.

여러분들이 실제로 삶을 이만큼 살아오셨기 때문에 경험으로 아는 것들이 굉장히 많을 거예요. 그것을 저는 심리학 용어로 설명할 뿐이지요. 이렇게 인간의 행동을 관찰하고 연구해서 나온 것들을 이론심리학이라고 합니다.

앞서 언급했듯 아이들이 태어나서부터 여러분들 나이가 될 때까지의 변화를 다루는 것은 이론심리학 안에서도 발달심리학에 속해요. 그리고 웃음치료와 관련된 뇌에 대한 연구는 이론심리학 안에서 생물심리학에 속한답니다.

이렇게 심리학은 인간의 행동을 관찰해서 앞으로의 행동을 예측할 수 있도록 해줄 뿐만 아니라, 나아가 인간이 자신의 행동을 잘 조절해서 행복하게 살아갈 수 있도록 도와주는 역할을 합니다. 요즘은 인간에 대해 연구해서 이해한 것을 가지고 생활

심리학 공부를 하면 살아가면서 부딪치는 문제들에 좀 더 지혜롭게 대처할 수 있는데, 사실 곰곰이 생각해보면 심리학은 우리보다 앞서 살아간 사람들이 삶 속에서 경험한 내용을 결국 이론으로 정리한 것이라고 할 수 있지요.

속에 적용시키는 경우가 크게 늘고 있지요. 이런 것을 응용심리학이라고 합니다.

예를 들어 듀오백 의자는 바닥이 사용자의 몸무게를 지탱해주고 등받이는 척추를 받쳐주며 등근육의 부담을 덜어주어서 혈액순환을 도와야 한다는 데 초점을 맞추어 만들어졌습니다. 또 팔걸이는 팔을 받쳐주고 바른 자세를 유지할 수 있게 되어 있고요. 이렇게 의자 하나도 인간의 신체조건을 고려하여 만들도록 심리학이 도움을 주고 있습니다.

비슷한 경우로 컴퓨터 자판이 있어요. 미국 사람들을 위해 만든 컴퓨터 자판을 우리나라 사람들이 쓰면 문제가 있습니다. 왜 그럴까요? 서양 사람들은 우리나라 사람들보다 체격이 좋은 편이다 보니 아무래도 손도 크고 힘도 세겠죠. 그들의 신체조건에 맞춘 컴퓨터 자판을 우리가 쓰면 어떨까요? 쓸 때 힘을 주어야 하겠지요. 마치 어린아이들이 성인용 자판을 쓸 때처럼 말이죠. 그렇게 계속 사용하다보면 어깨 근육 같은 데도 힘이 들어가서 문제가 생길 수 있습니다. 반대로 우리나라 사람들을 위해서 만든 컴퓨터 자판을 미국 사람들이 쓰면 어떨까요? 그들은 힘이 세니까 늘 하던 대로 눌러도 오타가 많이 나온다는 겁니다.

이렇게 사람에 대한 연구를 하다 보니까 생활에서 쓰이는 도구들을 그 사용자에게 맞게 만들어야겠구나 하는 생각을 하게 되었는데, 인간의 몸의 구조에 맞게 뭔가를 만드는 것을 응용심리학 안에서 공학심리학이라고 합니다.

요즘은 인간에 대해 연구한 것들이 생활 속에 적용하는 것을 넘어서서 돈을 버는 일에 많이 쓰이고 있지요. 편의점에서 음료수가 놓여 있는 위치는 어디쯤 될까요? 입구에서 안쪽 혹은 그 옆쪽에 있지요. 다시 말하면 음료수류는 사람들이 "아, 저 구석에 있어. 에이, 기분 나빠. 안 사." 이러지 않는다는 거예요. 우선 갈증을 풀어야 하거든요. 이처럼 꼭 필요한 생활필수품들은 매장 안쪽 구석에 배치해도 사람들이 사갑니다. 생리대 같은 것도 마찬가지이죠. 저 안쪽 구석에 있잖아요. 왜일까요? 꼭 필요해서 사러 갔는데 구석에 있다고 안 살 수 없거든요.

반면에 사람들이 충동적으로 살 수 있는 것, 껌이나 캐러멜 같은 주전부리는 어디에 있죠? 계산대 옆에 있습니다. 안 사도 되는 것들은 쉽게 눈에 띄는 곳에, 그러니까 음료수를 가지러 가면서 다른 것들도 둘러보고 하나씩 더 사라는 의미겠죠.

이것만이 아닙니다. 대형 할인매장에 가면 물건들이 굉장히 환한 불빛 아래에 놓여 있지요. 이것은 조명을 밝게 해서 상품들을 돋보이게 하려는 것이에요. 그래야 잘 팔리니까. 그런데 백화점의 명품 매장에 가면 반대로 불빛이 은은해요. 왜냐하면 그 명품을 걸쳤을 때 사람이 더 돋보이라고요. 다시 말해 부드러운 조명을 써서 소비자의 외모를 더 돋보이게 하려는 것이죠.

그뿐만이 아니죠. 백화점 등의 음악을 연구해보니까 사람들이 그런 곳에서 걸을 때 음악속도에 맞춰서 걷는 경향이 있다는 거예요. 그러니까 백화점 같은 데 가면 음악이 어떨까요? 빠른 음악을 틀어줄까요? 아니면 느린 음악을 틀어줄까요? 당연이 느린 음악을 틀어주겠지요. 왜냐하면 천천히 그 음악속도에 맞춰 걸으면서 이것저것 구경한 후에 사라고 그러는 겁니다.

그런데 혹시 백화점 마감시간에 가본 적 있으세요? 마감시간이 8시 30분이라면 8시 20분부터 틀어주는 음악은 엄청 빨라요. 문 닫고 얼른 퇴근해야 되니까 빨리빨리 마무리하고 나오라는 의미겠지요.

지금까지 말씀드린 것처럼 심리학이론들은 우리에게 아주 유용한데 그렇다고 해서 무조건 그 많은 심리학 이론들을 제시할 필요는 없어요. 진주 구슬을 한가득 갖고 있어봤자 아무 소용이 없지요. 그걸 꿰어서 목걸이로 만들어야 비로소 의미가 있는 거잖아요. 그래서 "어떻게 해야 여러분에게 유용한 심리이론들을 소개할까" 하고 고민을 많이 했습니다.

나 자신과 화해하며 살아가기

사람이 이 세상에 태어나 살아갈 때 그 나이 때마다 해야 할 일이 있습니다. 공부할 때는 공부를 하고 취업을 할 때는 취업을 하고 결혼할 때가 되면 결혼을 하고 그래야 삶이 무난하다고 할까요. 이처럼 사람마다 그 시기에 꼭 해야 하는 것들이 있는데, 심리학 용어로는 '발달과업'이라고 합니다.

그리고 에릭슨이라는 유명한 심리학자의 연구에 의하면 노년기의 발달과업은 바로 '자아통합'입니다. 다시 말해 여러분은 지금 '자아통합'을 이루어야 할 시기에 와 있다고 볼 수 있겠죠.

지금까지 살아온 인생을 돌아보면 참 우여곡절도 많았고 산 넘어 산이었고 정말 죽고 싶을 만큼 좌절할 때도 있었고 기쁜 일도 있었고 여러 가지 희로애락을 다 경험하였습니다. 자아통합은 그런 상황에서도 "나는 최선을 다했어. 그래 이만하면 잘 살아온 거야"라고 나를 인정해주면서 나 자신의 삶에 나름대로의 의미를 부여하고 죽음까지도 받아들일 수 있게 되는 것을 말합니다.

더욱이 내가 그동안 실패했던 일에 초점을 맞추기보다는 또 나를 비난하고 나무라기보다는 지금까지 이렇게 잘 견디며 살아온 나를 위로하고 칭찬해주는 것입니다. 제가 어르신들하고 상담을 하다 보면 이런 얘기들을 많이 하세요. 나는 딱히 이룬 것도 하나 없고 그렇다고 벌어놓은 돈도 없다고. 그렇게 성취한 업적이라든지 가진 물질로 나를 평가하는 것이 아니라 나를 이 세상에 하나밖에 없는 귀한 존재로 받아들이자는 겁니다. 이렇게 귀한 내가 이 세상에 와서 열심히 살려고 애썼고 지금까지 최선을 다한 것을 위로해주고 칭찬해줄 수 있는 마음을 가지는 것이 바로 자아통합이라는 거죠. 이를 다른 말로 하면 '나 자신과 화해를 이루어가는 것'이라고 할 수 있습니다.

어떠세요? 여러분은 자신의 삶을 돌이켜볼 때 "나는 이만하면 괜찮아. 그동안 최선을 다해 살아왔어. 그래도 나름 보람되고 의미 있는 인생이었어"라는 생각이 드십니까?

제가 볼 때 여러분은 참으로 잘 살아오셨습니다. 우리나라가 이만큼 사는 것은 바로 여러분 덕분입니다. 그 힘들었던 일제강점기, 한국전쟁을 다 겪어내시고 또 우리나라가 이렇게 눈부신 경제발전을 이루도록 60, 70년대 열심히 일하시며 기초를 닦아놓으셨잖아요. 여러분은 이렇게 힘든 세월을 견디며 여기까지 오신 것만으로도 존경받아 마땅하다고 생각합니다.

여러분이 지금까지 잘 살아오셨지만, 개인적으로 볼 때는 마음속에 응어리진 채 남아 있는 것들을 비롯해서 나 자신과 화해를 이루어가야 할 부분들이 분명히 있을 겁니다. 그 일들을 잘 정리하실 수 있도록 제가 최선을 다해 심리학 이론들을 소개하려고 합니다. 그리고 이것을 위해 특별히 세 가지에 초점을 맞추어 강의하도록 하겠습니다.

첫 번째는 나와 관련된 심리이론들입니다.

사실 삶에서 일어나는 대부분의 문제는 나 자신이 열쇠가 될 때가 많습니다. 다시 말해 나에 대해 잘 알게 될 때 많은 문제들이 해결되지요. 나아가 관계에서 오는 갈등들까지도 해결의 실마리가 보여집니다. 그래서 나(내 감정, 욕구, 성격 등)를 들여다볼 수 있는 여러 심리이론들을 다루려고 합니다.

두 번째는 감정과 관련된 심리이론들입니다.

1부. '나'에 대해 알고 싶은 것들

어르신들과 상담을 하다보면 상담내용의 대부분이 응어리진 감정과 관련된 이야기들이 주를 이룹니다. 우리가 나 자신과 현재 상황을 있는 그대로 받아들이기 위해서는 먼저 억눌린 감정과 관련된 응어리들을 풀어야 합니다. 더욱이 우리는 행복하기를 원하는데 행복도 감정으로 느껴지는 것이기 때문에 감정은 더욱 중요합니다. 그래서 감정과 관련된 다양한 심리이론들을 다루려고 합니다.

세 번째는 인간관계(가족관계, 친구관계 등)와 관련된 심리이론들입니다.

인간은 혼자서 살 수가 없지요. 이 말은 관계 속에서 살 수밖에 없다는 뜻인데, 여러분이 경험하신 것처럼 아무리 가까운 관계라도 내 마음을 온전히 전달하기가 쉽지 않습니다. 이 말은 인간관계가 쉽지 않다는 말이고 그래서 심리학 공부를 통해 유용한 팁들을 얻으려고 합니다.

아무쪼록 이 책을 통해서 무엇보다도 여러분 자신에 대한 이해가 깊어지셨으면 합니다. 왜냐하면 나를 먼저 잘 알아야 내가 나를 행복하게 해줄 수 있기 때문입니다. 물론 타인과의 관계에서도 우리는 "왜 저 사람은 저런 식으로 밖에 행동을 하지 못하나?" 하고 생각을 할 때가 많은데, 심리이론들을 배우다보면 "아하, 그렇구나!"라는 말씀을 자주 하시면서 상대방의 행동을 이해하게 될 것입니다. 그럼 이제부터 시작합니다.

2강

'감정'과 '다름'이
왜 중요할까?

감정의 힘은 얼마나 센가

사람들과 관계를 맺고 유지해 나가는 데 '감정'과 '이성' 중에 어느 것이 더 중요할까요?

아니라고 반박할 분들도 있겠지만 정답은 '감정'입니다. 예를 들어서 설명해보겠습니다. 왜 "나는 '시' 자가 들어가서 시금치는 안 먹어"라는 말이 며느리들 사이에서 한동안 유행했는데 이 말은 무슨 뜻이죠? 누군가와 감정이 꼬이면 그 사람과 아무런 관련이 없는 것까지도 꼬아서 보게 된다는 의미입니다. 이성적으로 생각할 때는 '시어머니'와 '시금치'는 아무런 관련이 없지요. 시금치는 그냥 시금치일 뿐입니다. 하지만 시어머니 때문에 마음이 상하면 '시' 자가 들어갔다는 이유만으로 시금치까지 싫어지는 것이 인간의 마음입니다.

"아내가 좋으면 처갓집 말뚝에다가 절한다"는 속담 또한 감정이 관계 속에서 얼마나 중요한지를 말해줍니다. 아내가 얼마나 좋으면 아내의 집 앞에 있는 말뚝에 절을 하겠습니까?

관계 속에서 감정의 힘이 얼마나 막강한지를 보여주는 사례는 정말 무궁무진하지요. 저에게는 아들이 둘 있는데, 이 아이들이 나름 외모에 대한 고민을 가지고 있습니다. 하지만 저는 그 누가 뭐라 해도 우리 아들들이 이 세상에서 최고로 멋지죠. 여러분도 그러시지요. 따님이 미스코리아가 아니어도 너무너무 예쁘고, 아들이 연예인처럼 잘생기지 않았어도 최고잖아요. 왜 그럴까요? 내가 아들딸을 사랑하니까 그들의 모든 것이 다 좋아 보이는 거잖아요. 그래서 혹 아이가 어눌하게 말해도 단점으로가 아니라 매력적으로 보일 정도입니다.

심리학에는 이런 것들을 설명해주는 '감정전이 현상'이라는 이론이 있습니다. 이 현상은 어떤 대상에 대한 감정이 그와 관련된 다른 것에까지 옮겨지는 현상으로, 어떤 상대가 좋으면 말투부터 시작해서 심지어 그 사람이 데리고 다니는 강아지까지도 다 좋아 보이고, 반대로 그 사람이 싫으면 아무리 그가 옳은 말을 해도 싫고 그와 관련된 모든 것들이 다 꼴 보기 싫은 것을 말합니다.

어떤 부부가 싸웠는데 어쩔 수 없이 부부동반 모임에 가야 했어요. 그런데 그 모임에서 아내가 어떻게 행동을 하지요? 막 친절을 베풀잖아요. 컵에 물도 따라서 돌리고 미소 지으면서 얘기하면 남편이 속으로 뭐라 그럴까요? "어이구, 집에서는 입이 이만큼 나와서 식탁에 툭 밥 퍼놓고 먹으란 소리도 없이 방으로 들어가더니 여기 와서는 친절하게 구시네" 하지요. 이렇게 감정이 상하면 상대방이 아무리 예쁜 행동을 해도 예쁘게 보이지 않는다는 겁니다. 다시 말해 상대방의 말이나 행동을 있는 그대로 보아줄 수가 없어요.

그래서 좋아하는 사람이 충고를 해주면 나를 배려하는 것이라 생각하고, 싫어하는 사람이 충고를 해주면 간섭하는 것이라 생각하면서 마음속으로 '너나 잘하세요'라고 하는 것입니다. 또 좋아하는 사람이 싼것을 먹자고 하면 소탈해서 좋다고 하지만, 싫어하는 사람이 싼것을 먹자고 하면 나를 무시해서 싫다고 하는 거고요.

마지막으로 한 가지만 더 예를 들어보겠습니다. 내가 새누리당을 좋아하면 그들이 안 좋은 일을 했을 때 어떻게 하시죠? "뭐 그럴 수도 있지"라고 쉽게 넘겨버립니다. 그런데 내가 민주당을 좋아하면 새누리당에서 아무리 좋은 법안을 내놓아도 별로 마음에 들지 않잖아요.

이렇게 관계 속에서 감정은 중요합니다. 그러기 때문에 서로에게 좋은 감정을 갖는 것이 무엇보다도 우선되어야 합니다. 예컨대 아버지가 "나는 30년 동안 비가 오나 눈이 오나 직장에 가서 일했고 그렇게 번 돈으로 너희들 학교 보내고 식구들 먹여 살렸는데, 너희들은 왜 그렇게밖에 행동을 못 하니? 해가 중천에 떠도 일어나지 않고 하루 종일 스마트폰 아니면 게임에 매달리고 도대체 앞으로 어떻게 살아가려고 그래, 내 말이 틀렸니?" 하면서 훈계한다고 자녀들이 아버지 말을 들을까요?

당연히 아닙니다. 그러니까 상대방이 나의 요구사항을 들어주기를 바라기에 앞서 관계가 원만한 상태인지 혹시 서로 풀리지 않은 감정이 있는지 살펴볼 필요가 있습니다. 왜냐하면 상대방과 감정적으로 꼬여 있으면 그가 아무리 옳은 말을 해도 그 말이 내 귀에 들어오지 않기 때문입니다.

서로가 마음의 문을 닫지 않도록 하려면

그럼 어떻게 해야 다양한 인간관계(부부, 부모와 자녀, 친구관계) 속에서 서로 좋은 감정을 유지할 수 있을까요? 정답은 바로 우리가 다르다는 것을 인정하는 것, 즉 같은 것을 경험할지라도 그 반응은 서로 다를 수 있음을 인정하는 것입니다.

70억 인구가 얼굴이나 지문이 똑같은 사람이 한 사람도 없다고 하잖아요. 이처럼 서로 다름을 인정해야 하는데… 이것을 머릿속으로는 알고 있지만 실제 관계에서는 인정하기가 쉽지 않습니다.

1부. '나'에 대해 알고 싶은 것들

상대방이 나의 요구사항을 들어주기를 바라기
에 앞서 관계가 원만한 상태인지 혹 서로 풀리
지 않은 감정이 있는지 살펴볼 필요가 있습니
다. 왜냐하면 상대방과 감정적으로 꼬여 있으면
상대방이 아무리 옳은 말을 해도 그 말이 내 귀
에 들어오지 않기 때문입니다.

쉽지 않을지라도 '우리는 모두 다르다는 것'을 인정할 때 서로 마음이 상하지 않을 수 있습니다. 자녀를 키우면서 이런 일이 한두 번쯤은 있으셨을 거예요. 여러분들이 얼마나 고생하면서 살아오셨습니까? 그렇기 때문에 내 자식만은 고생하지 않고 안정되게 생활하기를 바라는 게 부모 마음이잖아요. 그래서 직업으로는 공무원이 최고야, 교사가 최고야, 이런 식으로 얘기를 종종 합니다.

그런데 학생들이 상담실에 와서는 부모님의 그런 말들이 가장 괴롭다고 고백합니다. 자신들에게 상처가 된다는 거지요. 자기는 다른 일을 하고 싶은데, 아버지는 자신의 말을 안 들어주고 아버지가 원하는 것을 하라고 강요하신다는 겁니다.

이렇게 아버지와 아들은 서로 다른데 그것을 인정하지 않고 아버지가 원하는 것을 강요해서 아들의 마음이 상하면, 그 다음부터는 아버지가 아무리 옳은 말을 해도 그것이 아들의 귀에 들어오지 않습니다. 우리가 이성적인 존재이기도 하지만 또 감정을 가진 존재라 마음이 상해버리면 마음의 문을 닫게 되고 그러면 나중에는 관계까지 단절될 수 있잖아요.

이렇듯 우리는 서로 다르다는 것을 인정하며 관계를 맺어가야 합니다. 설이나 어버이날에 아들딸들이 옷이나 신발을 사오면 어떤 마음이 드시나요? 사온 건 고마운데 마음에 흡족한가요? 그렇지 않을 때가 많지요. 왜 그렇죠? 내가 좋아하는 색상이 아니고 내가 좋아하는 스타일이 아니기 때문이지요.

관계 속에서 정말 필요한 것은 우리가 서로 '다르다'는 것을 인정하고 명심하는 것입니다. 그래서 우리가 어떻게 다르고 또 왜 다를 수밖에 없는지를 잘 보여주는 사례를 하나 소개하려고 합니다.

남자아이랑 여자아이가 유치원에서 소꿉놀이를 하다가 싸웠어요. 둘 중 누구의 말이 맞는지 한번 판단해보세요. 소꿉놀이 중에 남자아이가 회사에서 집으로 돌아왔습니다. 현관문을 열고 들어오더니 소파에 탁 앉아서 텔레비전을 켜고 보는 거예요. 여자아이는 그때 앞치마를 두르고 저녁준비를 하고 있었어요. 그런데 갑자기 여자아이가 소파에 앉아서 텔레비전을 보고 있는 남자아이 앞으로 왔어요.

이 여자아이가 뭐라고 했을까요? "야, 내가 지금 이렇게 바쁘게 저녁준비를 하고 있는데 여기서 텔레비전만 보고 있으면 어떻게 해. 이리 와서 나 좀 도와줘"라고 했어요. 그러자 남자아이가 뭐라고 했을까요? "야, 나는 지금까지 회사에서 일하고 왔잖아. 이제 좀 쉬어야지"라고 했습니다.

누구 편을 더 들고 싶으세요? 아니면 편을 떠나서 누구 말이 더 옳은 것 같으세요? 남자아이의 말이 옳을까요? 아니면 여자아이의 말이 옳을까요?

네 맞습니다. 두 아이 말이 다 맞아요. 왜냐하면 여자아이 집에서는 항상 아빠가 음식물 쓰레기를 갖다 버리고 "여보, 내가 뭐 도울까?" 하면서 저녁준비와 설거지를 합니다. 여자아이는 그런 걸 보고 자란 거예요. 이를테면 자기 집에서 엄마아빠의 행동을 본 대로 소꿉놀이에서 그대로 따라한 것입니다. 그러니까 당연히 "야, 내가 이렇게 바쁘게 저녁준비 하는데 너 와서 이것 좀 도와줘야지"라고 할 수 있겠지요.

한편 남자아이 집은 한마디로 가부장적인 집안이라고 할 수 있어요. 그 집에서는 남편이 음식물 쓰레기를 버린다든지 설거지를 한다든지 하는 일이 절대 없어요. 그 집은 아내도 남편한테 "여보 나 좀 도와줘야지"라는 말도 안 해요. 집안일은 당연히 여자가 해야 한다고 생각하죠. 남편의 역할은 일을 해 돈을 벌어오면 되는 것이고요. 그러니까 이 남자아이 또한 자기 집에서 본 대로 했다고 볼 수 있지요. 그 집에서는 아빠가 퇴근하고 오면 옷 갈아입고 텔레비전 보다가 "여보, 식사하세요" 그러면 그제야 움직입니다. 그러니까 두 아이 다 아무 문제없어요. 애들은 자기 집에서 본 대로 했을 뿐인 거예요.

이처럼 관계 속에서 내 말이 맞는다며 매사에 옳고 그름을 따지려 하기보다는 서로 다른 환경에서 자라 다른 경험들을 했기 때문에 어떤 일에 대해 느끼는 감정도 생각도 다를 수 있음을 인정할 때 우리의 인간관계는 원만하게 돌아갈 것입니다.

3강

내 삶을 주도하는
욕구는 무엇일까?

인간의 7가지 욕구

'욕구'는 우리가 어떤 행동을 하게 하는 요소로서 심리학에서는 아주 중요한 개념입니다.

우리는 '욕구'에 대한 공부를 통해서 나 자신을 좀 더 잘 이해하게 될 것입니다. 왜냐하면 관계 속에서 화가 나거나 문제가 생기는 것은 바로 나의 욕구가 충족되지 않은 것과 깊은 관계가 있기 때문입니다.

그리고 내가 어떤 욕구를 가졌느냐에 따라 세상을 보는 시각도 달라지기 때문입니다. 예를 들어 돈에 대한 욕구가 강한 사람은 어떤 자리에서 직업에 대한 얘기가 나오면 재능이나 자신이 좋아하는 일이 무엇인가보다는 돈을 잘 버는 것과 관련하여 직업에 대한 이야기를 나누겠지요.

친구가 남편 때문에 힘들다는 이야기를 하면 "○○야, 그래도 네 남편은 돈 잘 벌어다주잖아. 남자가 그러면 된 거 아니니?"라고 하면서 모든 것을 돈으로 평가하고 판단하지요. 또 그런 사람은 친구의 형편을 고려하기보다 자기에게 돈을 잘 쓰면 좋은 친구, 그렇지 않으면 쪼잔한 친구라는 식으로 생각을 할 수도 있겠죠.

그렇기 때문에 나 자신의 욕구에 대해 살펴보는 것은 내 얼굴에 무엇이 묻었는지 거울을 들여다보는 일처럼 중요합니다. 거울을 자주 보고 내 얼굴에 묻은 것들을 깨끗이 닦아내야 남에게 웃음거리가 되지 않듯이, 내가 가진 욕구를 알면 알수록 관계 속에서 나를 조절하고 남을 배려할 수 있게 될 것입니다.

그럼 대표적인 욕구이론인 매슬로의 욕구위계이론에 대해 살펴보겠습니다.

그림에서처럼 욕구위계이론은 피라미드 형식의 7단계로 되어 있는데 가장 아래에 있는 것이 생리적 욕구, 그 다음이 안전의 욕구, 소속과 애정 욕구, 자존감 욕구, 지적 욕구, 심미적 욕구, 그리고 마지막 맨 위가 자아실현의 욕구입니다. 초창기에는 5단계로 구분됐는데 나중에 지적 욕구와 심미적 욕구가 추가되었습니다. 그래서 5단계의 욕구로 봐도 되고 7단계의 욕구로 봐도 됩니다.

성장 욕구	자아실현의 욕구
	심미적 욕구
	지적 욕구
결핍 욕구	자존감 욕구
	소속과 애정 욕구
	안전의 욕구
	생리적 욕구

이 욕구이론은 관찰을 통해서 만들어졌는데, 인간이 살아가면서 주로 이러이러한 욕구들(앞에서 언급한 7가지)을 가진다는 것이 발견되었습니다. 이 욕구들은 아무렇게나 흩어져 있는 것이 아니라 어떤 순서에 따라 위계적으로 구성되어 있다는 것(그래서 '단계'라는 말과 '위계'라는 표현을 쓴 것임) 또한 알게 되었죠.

다시 말해 상위에 있는 욕구가 나타나려면 이전 단계에 있는 욕구가 어느 정도는 충족이 되어야 한다는 것이죠. 그러니까 이전 단계의 욕구가 충족이 안 되면 상위의 욕구는 나타나지 않는다는 겁니다.

예를 들어 하루 종일 박스를 주우시고 그것으로 끼니를 이어가시는 할아버지가 계십니다. 그분에게 '인문학 특강'에 가자고 하면 가실까요? 당연히 안 가시겠지요. 끼니를 걱정하는 분이 그런 특강에 관심이 있으시겠습니까? 이렇게 가장 밑에 있는 생리적인 욕구가 충족되지 않으면 그 위에 있는 안전의 욕구나 소속과 애정욕구는 나타나지 않는다는 것입니다.

나의 욕구는 지금 어느 단계에 와 있는가

그럼 이제부터 7가지 욕구를 구체적으로 알아보려고 하는데, 나의 행동에 영향을 준 동기, 나의 삶을 주도한 욕구는 특별히 무엇이었는지 한번 살펴보셨으면 합니다.

첫 번째로 인간은 누구나 생리적 욕구를 가집니다. 이것은 인간의 생명을 단기적 차원에서 유지하기 위해 요구되는 것으로 음식이나 물, 그리고 공기 등을 가리킵니다. 흔히 밥을 안 먹으면 기껏해야 열흘, 물을 안 먹으면 사흘, 공기는 2분도 견디기 힘들다고들 하죠.

이처럼 생리적 욕구는 인간이 세상을 살아가는 데 가장 기본적인 것으로 이 욕구가 충족되지 않으면 상위에 해당하는 욕구도 당연히 나타날 수 없습니다. 몇 끼를 굶은 사람이 길을 걷다 보면 오로지 음식점 간판만 눈에 들어오고 또 굶은 상태에서는 어떤 일도 할 수가 없는 것은 바로 이런 이유 때문이라고 할 수 있지요.

생리적인 욕구가 충족되면 그 다음으로 나타나는 것이 안전의 욕구입니다. 이것도 생명과 관련이 있습니다. 생리적인 욕구가 단기적인 것이라면 안전의 욕구는 장기적인 차원에서 인간

여기서 한 가지 기억하셔야 할 것은 현재 내가
어느 단계까지 올라왔느냐 하는 것은 중요하지
않다는 것입니다. 왜냐하면 우리가 마지막 단계
인 자아실현의 단계에 올라왔다가도 사업이 실
패함으로 인해 갑자기 생리적 욕구의 단계로 내
려갈 수도 있기 때문입니다.

의 생명을 유지하기 위해 요구되는 것들입니다. 이를테면 주택이나 금융, 보험과 관련된 욕구들을 말합니다.

금융이 뭐지요? 은행에 저축하는 등의 활동을 가리킵니다. 그럼 왜 저축을 할까요? 은행에 저축하고 각종 보험상품에 가입하는 것은 미래를 위해서잖아요. 앞날을 대비하는 것인데, 사람들은 집을 마련하기 위해 저축을 할뿐만 아니라 연금보험이나 각종 건강보험에 가입하여 장기적인 차원에서 자신의 생명을 보전하려고 하지요.

우리나라에서 안전의 욕구가 강하게 대두되었던 때는 바로 1980년대 중반이라고 볼 수 있습니다. 이때 우리나라 금융시장이 굉장히 활발했지요. 70년대 경제개발 5개년 계획을 통해 경제가 성장을 했고 그걸 통해 배고픔을 극복해내면서 생리적 욕구에서 벗어났어요. 이제 장기적인 차원에서 자신의 생명을 유지하려고 하다 보니 저축과 각종 보험산업이 생겨났고 그래서 금융업이 커진 겁니다.

80년대 중반 일산, 중동, 산본, 평촌 등에 신도시가 생겼습니다. 이것도 안전의 욕구와 관련된 것이라고 할 수 있지요. 일단 먹는 것이 해결되었으니 장기적 차원에서 나를 안전하게 보호하려는 욕구가 신도시 정책으로 이어진 것입니다.

이제 다음으로 나오는 것이 소속과 애정 욕구인데, 이것은 어딘가에 소속되어 서로 사랑을 주고받으며 친밀하게 지내고 싶어 하는 욕구를 말합니다.

젊은이들이 학교를 졸업하고 취업해서 돈을 벌면 전세 대출이라도 받아 결혼을 하려 합니다. 먹는 게 해결되고 집도 마련할 수 있다 싶으면 결혼을 생각하는데, 결혼을 하려는 이유는 가정이라는 곳에서 서로 사랑을 주고받으며 안정감을 느끼고 싶기 때문입니다.

학자들에 의하면 우리나라도 이제 전체적으로는 소속과 애정 욕구 단계에 진입을 했다고 합니다. 그래서인지 많은 광고가 이 욕구에 호소를 합니다. "커피 한 잔 하실래요?"라는 커피광고가 있습니다. 이건 관계 속에서 친밀감을 나누고 싶어하는 욕구를 자극하는 광고라고 볼 수 있지요. 또 요즘은 어느 동네를 가나 커피전문점이 쉽게 눈에 띄는데, 이것도 사람들이 관계 속에서 친밀감을 나누고 싶은 욕구를 카페라는 장소를 통해 충족시키고 있음을 말해줍니다.

그 다음은 자존감 욕구입니다. 이것은 "나 이런 사람이야" 하고 과시하고 싶고 또 자신이 이룬 업적 등을 보여주면서 다른 사람들로부터 인정받고 싶어하는 욕구라고 할 수 있습니다. 그래서 중년기 이후가 되면 "그동안 뭐하고 살았지?" 하면서 마음이 바빠지거나 우울해지기도 하지요. 한편 사회적으로 성공을 했다 싶으면 동창회 모임 같은 곳에 가서 그것을 드러내고 싶어하고요.

이런 욕구를 건드려서 상업적으로 이용을 하기도 하지요. 그러니까 "이 아파트에 살면 당신은 1등급의 삶을 사는 것입니다"

라는 광고라든지 골프 회원권을 비롯해서 고급 승용차나 비싼 명품가방을 통해서 이 자존감의 욕구를 충족시키도록 부추기지요. 물론 이런 외적인 것들을 소유했다고 해서 자신이 진정으로 괜찮은 사람이 되는 것도 또 남들이 나를 인정해주는 것도 아니지만 말입니다.

다음으로 나오는 것은 지적 욕구로서, 살아가면서 자기가 부족하다고 생각되는 부분을 끊임없이 메우고 싶어하는 욕구입니다. 예를 들어 대학원을 간다든지 아니면 평생교육원이나 복지관에서 여러 과목들을 수강하는 것이 다 지적 욕구에 해당하겠죠.

그 다음으로 나오는 것은 심미적 욕구입니다. 이것은 외면보다는 내면의 아름다움을 추구하려는 욕구, 그러니까 선하게 살면서 남에게 베푸는 삶 등을 추구하려는 욕구를 말합니다.

마지막으로 가장 상위에 있는 욕구는 자아실현의 욕구입니다. 자신이 잘하고 또 좋아하는 일을 하면서 살고 싶어하는, 한마디로 자신의 꿈을 이루고 싶어하는 욕구입니다.

현재 내가 어느 단계까지 올라왔느냐 하는 것은 그다지 중요하지 않습니다. 왜냐하면 우리가 마지막 단계인 자아실현의 단계에 올라왔다가도 사업에 실패하면 갑자기 생리적 욕구의 단계로 내려갈 수도 있기 때문입니다.

그렇다면 여러분은 지금 어느 욕구단계에 해당하시나요? 물론 여러분의 상황과 형편에 따라 생리적 욕구에서부터 자아실현의 욕구까지 다양하실 텐데, 무엇보다도 내가 갖고 있는 욕구

와 관련해 자신의 행동을 살펴서 나를 이해하고 또 남을 이해하
는 계기가 되었으면 합니다.

4강

⤙⤙⤙

나의 의사소통 유형은?

복잡하고 미묘한 내 마음을 제대로 표현하려면

사람들과의 관계 속에서 어떤 점이 가장 힘드세요?

'뭐니 뭐니 해도 소통이 안 되는 거죠.'… 네 맞습니다. 마음이 제대로 전달되지 않아 오해가 생길 때 정말 속상하지요. 나는 정말 사랑의 마음으로 그런 말을 했는데, 상대방이 내 말에 상처를 받았다고 하면 참으로 어이없고 답답하잖아요!

예를 들어 남편과 식사 중에 지인의 임종소식을 들었습니다. 아내가 "85세니… 참 알맞게 사시다 가셨네요"라고 하자, 80세인 남편이 "뭐라고? 나보고 85세까지만 살고 죽으라는 말이야?" 하며 역정을 내셨습니다. 이처럼 소통이 힘든 것이 우리네 일상이지요.

그래서 왜 그렇게 의사소통이 힘든지를 곰곰이 생각해봤는데요. 우리 마음속에는 오만가지의 생각과 감정들로 가득 차 있지만, 말을 할 때 쓰는 단어들은 아마 몇십 개도 안 될 겁니다. 이처럼 복잡하고 미묘한 내 마음을 몇 마디의 문장으로 상대방에게 전달하려니까 대화 속에서 당연히 오해를 사게 되는 것 같아요.

그렇기 때문에 내 마음속에 있는 것들이 상대방에게 오해 없이 잘 전달될 수 있도록 하는 것이 관건입니다. 물론 이에 대해서는 앞으로 구체적으로 배워나갈 겁니다. 여기에서는 우리가 그동안 어떤 식으로 의사소통을 해왔는지 스스로를 진단해보는 시간을 가지려고 합니다.

우리가 건강을 위해 살을 빼려고 할 때도 병원에 가서 진단을 받고 운동처방을 받는 것이 우선되어야 하듯이, 내가 사람들과 어떤 식으로 대화를 하는지에 대해 구체적으로 점검해본다면 문제가 되는 부분들을 명확히 볼 수 있습니다.

의사소통 전문가인 사티어는 수많은 가족들을 상담하면서 가족의 갈등은 서로 사랑하지 않아서가 아니고 의사소통 방식에 문제가 있기 때문이라는 것을 알게 되었습니다. 다시 말해 서로가 기분이 아주 좋을 때는 대화가 어떤 식으로 진행되어도 문제가 되지 않습니다. 내가 기분이 좋으면 상대가 좀 빈정거려도 별 문제가 되지 않는 것처럼 말이죠.

문제는 스트레스나 긴장을 불러일으키는 상황에서 "내가 어떤 식으로 의사소통을 하는가?"입니다. 사티어에 의하면 마음이 편치 못한 상황에서 사람들은 회유형, 비난형, 초이성형, 산만형, 이렇게 네 가지 유형의 의사소통을 하더라는 겁니다.

착한 사람과 똑 부러진 사람

지금부터 각 유형들을 소개할 텐데, 나 자신은 이 네 가지 유형 중 어디에 해당하는지 잘 살펴보셨으면 합니다.

첫 번째 유형은 '회유형'입니다.

회유형은 한 마디로 착한 사람입니다. 어떤 일이 생겼을 때 잘잘못을 가리기도 전에 먼저 "죄송해요", "미안해요"라고 말합니다. 모든 것을 자기 책임으로 돌리고 무조건 상대방의 비위를 맞추려는 사람이 회유형입니다.

예를 들어 점심식사를 하러 가면 내 것을 절대 주장하지 않고 "네가 원하는 걸로 해. 나는 아무거나 다 괜찮아" 하면서 상대방에게 맞추는 유형 말입니다. 어떠세요? 아무래도 가부장적 분위기에서 식구들 위주로 살아왔던 분들에게서 많이 볼 수 있겠지요.

제가 만약 여러분들 드시라고 여기에 찐 고구마를 한 바구니 갖고 왔을 때 회유형인 어르신은 맨 먼저 고르실지라도 아마 제일 작은 고구마를 선택하실 겁니다. 왜? 당연히 다른 사람들을 위해서죠. 그렇게 철저하게 상대방 위주로 행동을 합니다.

우리 마음속에는 오만가지의 생각과 감정들로
가득 차 있지만, 우리가 말을 할 때 쓰는 단어들
은 아마 몇십 개도 안 될 겁니다. 이처럼 복잡하
고 미묘한 내 마음을 몇 마디의 문장으로 상대
방에게 전달하려니까 대화 속에서 당연히 오해
를 사게 되는 것 같아요.

회유형의 장점은 남을 배려하는 마음인데, 다른 사람을 편하게 대해주려고 애쓰다보니 자신의 감정은 무시하게 되고 때로는 분노까지도 억압을 해서, 회유형의 의사소통을 오랫동안 하게 되면 병을 앓는 경우도 많습니다.

두 번째 유형은 '비난형'입니다.

비난형은 회유형과는 정반대로 자기표현을 똑 부러지게 합니다. 자신이 잘났고 또 항상 옳다고 생각하기 때문에 명령 혹은 지시적으로 말을 하는 경향이 강합니다. 그래서 "내 말이 틀렸어?" 혹은 "넌 어째 제대로 하는 게 하나도 없냐? 문제가 뭐야?" 같은 표현을 자주 쓰지요.

전통적인 아버지들의 모습이 이렇지 않을까 싶은데, 어느 아버지가 오늘 회사에서 특별 보너스를 받았습니다. "아빠가 오늘 한턱내겠어. 집 앞 삼겹살집으로 가자." 이런 유형이 비난형이에요. "아빠가 오늘 한턱내겠어." 여기까지는 좋았지요. 그럼 그 다음에는 어떻게 해야 할까요? "당신은 뭐 먹고 싶어? 너희들은 뭐 먹을래?" 하고 물어봐야 하지 않을까요? 그런데 비난형은 자기가 항상 옳다고 생각하기 때문에 자기가 좋아하는 것을 끝까지 주장합니다.

이런 식으로 아버지가 자녀들과 계속 대화를 하면 어떻게 될까요? 아이들이 초등학교 때는 그런 아버지 앞에서 꼼짝 못하고 따를 수도 있지만 이제 중학생이 되고 고등학생이 되면 상황은 달라지겠지요. "야, 너 공부해야지. 공부해서 남 줘? 다 너를 위한 거지. 아빠 말이 틀렸어?" 이렇게 얘기하면 아이가 들을까요?

그렇게 말씀하시는 순간 마음의 문을 닫아버립니다. 왜일까요? 아빠 말이 틀려서가 아니라 비난형의 의사소통, 그러니까 명령하고 지시하는 말투가 아이들의 감정을 상하게 하기 때문이지요. 뭔가 변화가 일어나기 위해서는 마음이 움직여야 하는데, 마음이 상해버립니다.

다시 말해 비난형은 자신의 의견은 항상 옳으니까 모든 사람들은 자신의 의견에 따라야 한다고 생각하고 그래서 독선적이다 싶을 정도로 자기주장을 강하게 합니다. 하지만 우리가 앞에서 배운 것처럼 인간은 모두 다른 환경에서 자랐기 때문에 감정을 비롯해서 모든 것이 다를 수밖에 없습니다.

그렇기 때문에 비난형들은 본인들이 옳지 않아서가 아니라 서로가 다르다는 것, 그러니까 나만이 아니라 다른 사람들도 옳을 수 있다는 것을 인정할 필요가 있습니다. 다시 말해 "그래, 너는 그렇다고 생각을 하는구나", "그렇구나"를 계속 되뇌면서 타인을 배려하는 훈련을 해야겠지요. 물론 비난형의 장점은 자기표현과 자기주장을 잘한다는 것입니다.

컴퓨터 같은 사람과 개그맨 같은 사람

세 번째 유형은 초이성형입니다.

초이성형은 사람보다 상황에 더 신경을 쓰는 사람으로 마치 컴퓨터 같은 사람이라고 할 수 있지요. 그러니까 너무 논리정연해서 비집고 들어갈 구멍이 없는 거예요. '찔러도 피 한 방울 나올 것 같지 않은 사람'이라는 말은 바로 이 유형을 가리킵니다.

예를 한 번 들어볼게요. 아이가 밖에서 놀다가 시멘트 바닥에서 넘어졌어요. 무릎이 까지고 피도 약간 납니다. 아~빠~ 하고 울면서 들어옵니다. "아빠, 나 피가 나?" 그러면 보통 뭐라고 하시나요? "어이구, 우리 아들 어디 보자. 많이 아프겠네"라고 말씀하시지 않나요?

그런데 만약 초이성형의 아버지라면 "뚝, 이 정도 가지곤 안 죽어. 연고 바르면 돼. 갖고 와. 아빠가 발라줄게"라고 말하겠죠. 참으로 비인간적이다 싶을 정도로 사람의 감정은 무시하고 상황만을 중시하지요. 그래서 초이성형이 인정이 없고 냉정하다는 말을 듣는 겁니다.

이뿐만이 아니죠. 초이성형은 꼬치꼬치 따지는 것을 좋아합니다. 심지어 자료나 연구결과를 들이대며 상대방의 의견에 반박을 하기도 하지요. 이를테면 배우자가 눈물을 흘리며 이야기하면 "이 상황에서 눈물을 흘리면 안 되지. 이 일은 운다고 해결되는 것이 아니잖아. 혹은 눈물로 대충 넘어가려고 하지 마"라고 할 때 상대방은 얼마나 기가 막히겠어요?

하지만 회유형이나 비난형의 의사소통을 하는 사람들과 마찬가지로 초이성형도 장점이 있지요. 복지관에서 선거철만 되면 어르신들 사이에서 다툼이 종종 일어나지요. "누구를 찍느냐?" 하는 문제로 말이죠. 그럴 때 초이성형의 어르신이 계시면 누구의 편을 들기보다는 이성적으로 잘 개입을 하셔서 마무리 짓는 것을 여러 번 봤어요.

마지막으로 산만형입니다.

산만형은 어떤 갈등이나 문제가 있는 상황에서도 마치 아무런 문제가 없는 것처럼 장난을 걸기도 하고 개그맨처럼 이 말 저 말 해대며 사람을 웃기려고 하지요. 그러니까 산만형은 집안에 어려움이 있어도 내색하지 않고 사람들을 마구 웃겨대는 개그맨을 떠올리시면 됩니다.

예를 들어 모임에서 놀러가는 계획을 세우다가 두 분이 싸우셨어요. 그런데 다른 친구가 들어오면서 "분위기가 왜 이렇게 어두워"라고 하실 때 "사실은 이만저만해서…"라고 말씀하시면 되잖아요. 그런데 만약 그중 산만형의 어르신이 계시다면 웃길 상황이 아닌데도 이 말 저 말 꺼내면서 마치 아무 일도 없었다는 듯이 행동을 하시겠지요. 그 결과 주변 사람들은 상황파악을 하기는커녕 더 혼란스러워질 수 있습니다.

이처럼 산만형의 의사소통을 하는 사람은 마음이 콩밭에 있는 사람처럼 주의가 산만하고 상황에 맞지 않는 말을 해대니까, 당연히 말에는 요점도 없고 심지어 몸을 계속 움직이기까지 하지요. 또 조금만 난처해도 농담으로 때우려고 합니다. 그것만이 아닙니다. 산만형의 스타일은 대화 속에서 조금만 침묵이 흘러도 참기 어려워합니다. 어느 정도의 침묵은 자연스러운 것인데, 산만형의 스타일은 그걸 못 참아요. 항상 말이 오가고 재미가 있어야 한다고 생각하는 겁니다. 그래서 산만형의 친구를 만나 두 시간을 이야기했어도 집에 돌아오면 남는 것이 없는 것은 바로 이런 이유 때문이기도 하지요.

그렇다면 산만형의 장점은 뭘까요? 분위기 메이커라는 점입니다. 이런 분들이 계셔야 분위기가 살지요. 여럿이 여행을 갈 때 산만형이 한 명도 없으면 재미없겠지요. 아무 말 없이 몇 시간을 차 안에서 보낸다면 얼마나 지루하겠어요.

자, 어떠세요? 우리가 스트레스 상황이나 마음이 편치 못한 상황에서 사람들이 보이는 네 가지 의사소통유형에 대해서 살펴봤는데, 여러분은 어느 유형에 해당하는지요?

강의를 들으면서 "이건 내 모습이다. 혹은 우리 아이들이 이 유형이네"라고 생각하셨을 것 같은데, 다른 사람들을 판단하기보다는 이해하는 계기로 삼으셨으면 합니다. 반면 나 자신에게 적용할 때는 이런 식으로 말하면 사람들이 상처를 받을 수도 있다는 점을 깨닫고 나를 변화시켜 나가는 융통성을 발휘하시면 어떨까요? 물론 각 유형의 장점도 잊지 않으면 좋겠습니다.

건강한 의사소통의
첫걸음은 무엇일까?

잘 들어주는 것의 소중함

상담전문 클리닉을 운영하는 친구로부터 들었는데요. 어르신들 중 이런 분이 가끔 계시답니다. "아니, 내 말을 듣기만 했지, 아무런 문제 해결책도 제시해주지 않았는데 7만 원이나 받아? 돈 도로 돌려줘요"라고 하신다는 겁니다.

하지만 상담이란 해결책을 제시해주는 것이 아니라 '들어주는 것'입니다. 그리고 들어줄 때 치유는 일어납니다. 살아오면서 누구나 한 번쯤은 이런 경험을 했을 것입니다. 누군가가 내 말에 정성껏 귀 기울여준 것만으로도 마음속의 응어리진 감정이 빠져나가 마음이 한결 가벼워졌던 경험 말입니다.

이번 주제는 '잘 들어주는 것'입니다. 우리는 지난 시간에 일반적이지만 건강하다고는 볼 수 없는 의사소통유형에 대해 배웠는데요, 여기서는 건강한 의사소통방식에 대해 알아보려고 합니다.

건강한 의사소통방식이란 한 마디로 잘 듣고 잘 말하는 것입니다. 참 쉬워 보이지요. 하지만 잘 듣는 것은 말처럼 쉽지가 않지요.

우리는 그저 같은 공간에 있으면, 그러니까 거실에서 신문을 보면서 듣는 것도 들어주는 것이라 착각을 하지요. 하지만 그건 제대로 들어주는 것이 아니에요.

예를 들어 엄마가 싱크대에서 설거지를 하고 있는데, 아들이 밖에서 놀다가 뛰어 들어옵니다. 엄마 앞치마를 잡아당기며 "엄마 내 말 좀 들어봐, 지금 밖에서 친구들이 막 싸우는데…"라고 하면 흔히 엄마들이 뭐라고 할까요?

하던 일을 멈추고 아이의 눈을 마주치면서 아이의 말에 귀를 기울이기보다는 "말해, 엄마가 듣고 있잖아" 그러면서 설거지를 계속 하는 경우가 많을 겁니다. 하지만 소리만 듣는 것은 잘 듣는 것이 아닙니다. 이처럼 주의집중을 하지 않고 내 할 일 하면서 건성으로 듣는 것을 히어링(hearing)이라고 하는데, 우리가 대화를 할 때 필요로 하는 것은 바로 리스닝(listening)입니다.

리스닝이란 고등학생들이 수능시험을 보러 가서 치르는 영어 듣기평가를 말합니다. 학생들이 영어 듣기평가를 할 때 어떻게 하지요? 주의 깊게 정성을 다해서 듣잖아요. 상대방의 말을 듣는다는 것은 바로 영어 듣기 시험을 볼 때처럼 그렇게 마음을 다해 듣는 것을 말합니다.

'들을 청'(聽)은 여러 단어의 조합으로 이루어져 있는데, 풀이를 해보면 '듣는 것이 왕처럼 중요하고 열 개의 눈으로 보듯 상대방에게 집중해서 상대방과 마음이 하나가 되는 것'이라는 의미를 담고 있습니다.

나는 얼마나 잘 들어주는가

'듣는다는 것'이 쉽지 않겠다는 생각이 들지요? 더불어 상담할 때 잘 들어주기만 해도 도움이 많이 되는 것에 대해 이제 수긍이 가시나요?

듣는 것에도 수준이 있는데, 그럼 이즈음에서 나 자신은 얼마나 잘 듣는 사람인지 한 번 점검해볼까요?

첫 번째 수준은 들으려는 시늉조차 하지 않는 태도입니다.

예를 들어 "여보, 큰애가~" 하면서 말을 다 끝마치지도 않았는데 "당신이 알아서 해" 혹은 "머리 아파, 그만" 이런 식으로 말을 자르는 것으로, 이것은 듣는 것 자체를 거부하는 '무시'의 한 형태라고 볼 수 있지요.

두 번째 수준은 듣는 시늉만 하는 태도입니다.

이 유형을 흔히 '배우자 경청'이라고도 하는데, 그 이유는 뭘까요? 놀랍게도 많은 배우자들이 직장이나 여타의 인간관계에서는 듣기를 잘하는데, 정작 가장 가까운 사이인 배우자의 이야기는 잘 들어주지 못하기 때문입니다.

그렇다면 어떻게 하는 것이 듣는 시늉을 하는 걸까요?

한 남편이 "오늘 회사에서 들었는데 여자는 남자보다 두 배나 많은 말을 한대…"라고 하자, 아내가 "당연히 여자가 말이 많을 수밖에 없잖아요. 남자들은 똑같은 말을 두 번씩 하게 만들잖아요"라고 얘기를 했어요.

그러자 곧이어 남편이 말했습니다. "못 들었어. 뭐라고?" 이 말의 의미는 뭘까요? 왜 못 들은 걸까요? 네 맞습니다. 귀 기울여 듣지 않았기 때문입니다. 앞에서 언급했듯이 부부가 한 공간에 있었지만 남편은 신문을 보면서 들었기 때문에 잘 들을 수가 없었고, 남편은 회사에서 들은 이야기의 주인공인 양 아내가 두 번이나 똑같은 말을 하도록 한 것입니다.

세 번째 수준은 선택적 듣기인데, 이것은 자신에게 흥미 있는 부분에만 귀를 기울이는 것을 말합니다.

네다섯 분이 식사를 하며 얘기하다 보면 주제가 정치에서 경제로, 경제에서 고향 얘기 등으로 흘러가잖아요. 이때 내 관심 분야가 아닌 정치 얘기가 나오면 입 꾹 다물고 심지어 딴청까지 부리다가 군대 이야기가 나오면 열정적으로 참여하는 것이 바로 선택적 듣기에 해당하는 예라고 볼 수 있습니다.

소리만 듣는 것은 잘 듣는 것이 아닙니다. 이처럼 주의집중을 하지 않고 내 할 일 하면서 건성으로 듣는 것을 히어링(hearing)이라고 하는데, 우리가 대화를 할 때 필요로 하는 것은 바로 리스닝(listening)입니다.

마지막으로 듣기에서 가장 높은 수준이라고 할 수 있는 유형은 '공감적 경청'입니다.

이것은 상대방이 하는 말의 의도나 감정까지 헤아리며 듣는 것으로, 우리는 대화중에 상대방이 이렇게 들어주기를 원하지요. 예를 들어 구체적으로 설명해보겠습니다.

추운 겨울 날 밤 부부가 잠자리에 들었습니다. 얼마 후 밖에서 문을 두드리는 것 같은 소리가 납니다. 그래서 아내가 남편에게 말합니다. "여보, 밖에서 이상한 소리가 나!" 그럼 남편이 어떻게 대답해야 공감적 경청을 한 것일까요?

"무슨 소리~ 쓸데없는 데 신경 쓰지 말고 어서 잠이나 자!"라며 이불을 뒤집어써버리면 아내는 마음이 어떨까요? 당연히 속상하겠지요. 아내가 이 말을 한 의도는 뭘까요?

남편이 어서 일어나 아내 대신 밖에 나가봐주기를 바라는 거지요. 지금은 대체적으로 아파트에 많이들 사시지만 옛날에는 집도 춥고 허술해서 여자가 밤에 나가보기가 무서웠잖아요.

한 연구에 의하면 우리의 생각과는 다르게 말을 하는 것보다 들을 때 칼로리가 두 배로 소비된다고 합니다. 얼마나 애써서 들으면 말할 때보다 에너지가 두 배나 더 소모되겠습니까?

또 사람이 말하는 것은 2~3년이면 배우지만 듣는 것을 제대로 익히기까지는 80년이나 걸린다는 말도 있습니다. 그럼 무엇을 명심하고 또 어떻게 해야 잘 듣는 훈련이 될까요?

잘 들어주는 훈련 4단계

① 현재에 오롯이 깨어 있어야 합니다.

이 말은 내 안에서 들려오는 소리들을 잠시 내려놓으라는 의미입니다. 너무 바쁘게 집안정리를 하고 강의를 들으러 왔다고 칩시다. 그럼 마음이 어떨까요? 가스 밸브는 잘 잠그고 왔는지, 전기밥솥 코드는 잘 빼고 왔는지… 이런저런 생각으로 강의에 집중을 할 수가 없습니다. 그래서 들을 때는 그런 잡념들을 내려놓고 오로지 상대방의 말에만 귀 기울이라는 것입니다.

현재에 오롯이 깨어 있지 못하면 이런 일도 벌어질 수 있지요! 복지관 로비에서 친구를 만났습니다. 그 친구가 묻습니다. "요즘 통 입맛이 없네. 밥 먹기가 힘들어. 자넨 요즘 뭐해 먹어?" 그러면 속으로 "저건 만날 나만 만나면 입맛이 없대. 이제 안 속는다. 이젠 반찬 해주지 않을 거야"라고 중얼거리게 되지요.

그러니까 현재에 오롯이 깨어 있으라는 말은 상대방에 대해 갖고 있는 선입견까지 다 내려놓고 처음 만난 사람처럼 듣는 것에만 집중하라는 말이겠지요. 그러면 최소한 듣는 그 순간만은 말하는 사람의 입장이 되어 그와 한마음이 될 수 있겠지요.

② 귀로만이 아니라 온 몸으로 들어야 합니다.

이 말은 우리가 들으면서 상대방에게 보이는 것들, 즉 몸의 자세나 얼굴표정도 더불어 신경을 써야 한다는 말입니다. 신체기관 중에서 가장 정직한 곳이 어디일까요? 바로 눈입니다.

눈은 거짓말을 못 합니다. 우리가 배우자와 싸웠을 때 아이들 앞이라 교육상 싸우지 않은 것처럼 행동을 하잖아요. "여보, 식사하세요?"라고 하면서요. 그런데 이때 하지 못하는 것이 하나 있습니다. 서로 눈을 마주치는 것, 아이콘택트(eye contact)는 하지 못합니다. 왜일까요? 말씀 드렸듯이 눈은 정직하기 때문이죠. 눈을 마주치면 아직 마음속에 남아 있는 분노의 감정이 그대로 상대방에게 전해지기 때문입니다.

그렇기 때문에 진심어린 눈빛으로 아이콘택트를 하면서 상대방의 말을 들으면, 그것은 말하는 사람에게 잘 듣고 있음을 나타내주는 것이 되겠지요. 물론 상체는 앞으로 조금 기울이고 한 번씩 고개도 끄덕여주면 더욱 좋고요.

③ 적극적인 추임새를 넣어주어야 합니다.

추임새가 뭐지요? 판소리를 할 때 흥을 돋우기 위해서 "얼씨구", "좋다" 같은 감탄사를 소리와 소리 사이에 넣는 것입니다..

이처럼 우리가 상대방의 말에 귀를 기울일 때 물론 아이콘택트도 하고 고개도 끄덕거려주지만, 이것과 더불어 상대방의 마음을 알아주는 추임새를 넣어준다면 말하는 사람은 흥도 나고 또 하려고 생각지도 못했던 말까지 더 하게 될 겁니다. 특별히 진짜 하고 싶었던, 응어리진 감정들을 이때 풀어놓게 될 것입니다. 그래서 "잘 들어줄 때 치유가 일어난다"는 말을 하는 것입니다.

그렇다면 들어줄 때 필요한 추임새에는 어떤 것이 있을까요? 바로 '그랬구나! 혹은 그렇구나'입니다. 이 한마디만으로도 말하는 사람은 충분히 이해받고 있음을 느끼게 됩니다. 국을 끓일 때 아무리 고기를 많이 넣어도 간장을 넣어줘야지 고기 맛이 살아나듯이, 이런 한 마디의 추임새가 들어갈 때 온전한 들어주기가 된다고 할 수 있습니다.

④ 듣는 것도 훈련해야 합니다.

어린아이가 '엄마'라는 말을 하기 위해서 수없이 듣는 과정이 선행되었듯이, 듣기는 말하는 것보다 우선되고 또 반복해서 훈련을 해야 합니다. 제가 아는 어떤 분은 상대방의 이야기를 들을 때 자꾸 말이 하고 싶어지니까 입속으로 혀를 물고 듣는 연습을 반복하였다고 합니다.

자, 이제 정리해야 할 시간인데요. 제가 문제를 하나 내겠습니다.

이 세상에서 가장 듣기 거북한 이야기가 뭘까요? 또 이 세상에서 어떤 이야기를 할 때 가장 재미가 있을까요? 가장 듣기 거북한 이야기는 바로 '남이 자기자랑을 하는 것'입니다. 반대로 가장 재미있는 이야기는 '내 자랑을 할 때'입니다.

그래서 저는 잘 들어주는 것이란 "이 세상에서 가장 재미없는 남의 이야기를 세상에서 가장 재미있는 내 이야기처럼 들어주는 것"이라고 새롭게 정의를 내리려 합니다.

6강

나는 과연
사랑받고 있는가?

표현하지 않은 사랑은 알 수가 없다

다음 문장의 ( )안에 어떤 단어를 넣어야 할까요?

(   )하지 않은 사랑은 사랑이 아니다.

정답은 '표현'입니다. 그럼 어떻게 사랑을 표현하시나요? 다음 보기에서 골라보세요.
① 봉사 ② 선물 ③ 스킨십 ④ 인정하는 말 ⑤ 함께하는 시간

우리나라 사람들이 좋아하는 단어 중 하나가 '이심전심'인 것

같습니다. 우리는 특히 부부관계처럼 가까운 관계일수록 "그걸 꼭 말로 표현해야 알아"라며 표현하지 않아도 상대방이 내 마음을 알아주기 원합니다. 하지만 상식적으로 생각을 해봐도 표현되지 않은 마음(사랑)은 알 수가 없습니다.

앞 강의에서 의사소통을 하는 데 '잘 듣고 잘 말하는 것'이 얼마나 중요한지에 대해 알아봤는데, 여기에서는 내 생각과 감정을 표현하는 것에서 한걸음 더 나아가 관계 속에서 인간의 기본적인 욕구인 사랑을 표현하는 다양한 방식에 대해 공부하려고 합니다.

인간은 매일 밥을 먹듯이 그렇게 사랑을 주고받으며 살아야 하는데, 무조건 사랑을 표현했다고 해서 그것이 상대방에게 100% 전달되는 것은 아닙니다.

예컨대 아이는 엄마와 함께 있고 싶어합니다. 엄마가 아이와 함께할 때 아이는 엄마로부터 사랑받고 있다고 느낍니다. 그런데 엄마가 아이와 함께하는 대신 장난감이나 옷과 같은 선물로 사랑을 표현한다면 아이는 어떨까요?

당연히 엄마로부터 사랑받고 있다고 느끼기가 힘들 겁니다. 서로 생김새가 다르고 성격이 다르듯이 사랑을 느끼고 표현하는 방법 또한 다릅니다. 그러니까 관계 속에서 내가 좋아하는 방법이 아닌 상대방이 원하는 방식으로, 다시 말해 상대방의 사랑의 언어로 사랑을 표현해줄 때 그것이 상대방에게 온전히 전달될 수 있겠죠.

다음은 SNS에서 한동안 회자되었던 이야기인데, 이 강의의 핵심을 간결하게 표현해주어서 소개를 해봅니다.

칠십이 넘은 노부부가 성격차이로 황혼이혼을 했습니다. 이혼한 그날 저녁에 노부부는 담당 변호사와 함께 식사를 했는데 주문한 음식은 통닭이었습니다.

남편이 자기가 좋아하는 통닭의 날개 부위를 찢어서 아내에게 권했습니다. 그런 모습이 너무나 보기 좋아서 변호사는 이 부부가 다시 화해할 수도 있겠다고 생각하는 순간, 갑자기 아내가 화를 내며 말했습니다.

"당신은 지난 40년간 항상 자기중심적으로만 행동하더니 이혼하는 날까지도 그렇군요. 난 닭다리를 좋아한단 말이에요. 당신은 살면서 내가 어떤 부위를 좋아하는지 한 번이라도 물어본 적 있어요?"

그러자 남편이 말했습니다. "닭날개는 내가 제일 좋아하는 부위야! 나는 날개를 먹고 싶었지만 꾹 참고 당신에게 먼저 준 건데 어떻게 그렇게 말할 수 있어." 이혼하는 날까지 싸운 노부부는 서로 자리를 박차고 일어나 헤어졌습니다.

우리는 먼저 서로에 대해 알아야 합니다. "상대방이 어떤 음식을 좋아하는지, 어떤 색깔을 좋아하는지…" 등등. 그리고 살아가면서 사랑을 표현할 때 내가 좋아하는 방식이 아닌 상대방이 원하는 방식으로 해주면 좋지 않을까요?

전 세계적으로 유명한 가정상담 전문가인 게리 채프만 박사는 『사랑의 5가지 언어』라는 책에서 사람들은 보통 5가지 방법으로 사랑을 주고받는다고 전합니다. 그건 바로 봉사하기, 선물하기, 스킨십하기, 직접 사랑한다고 말하기, 함께하기 등입니다.

그 책에서 '사랑의 언어'라는 표현을 썼는데, 이 말은 각 민족마다 언어가 다르듯이 사람들마다 사랑을 주고받는 방법이 다르다는 것을 의미합니다.

우리가 가진 사랑의 언어

그렇다면 우리들의 사랑의 언어는 무엇일까요? 지금부터 구체적으로 하나씩 살펴볼 텐데, 내 사랑의 언어는 무엇인지 또 내 가족의 사랑의 언어는 무엇인지 한번 찾아봅시다.

첫째, 사랑의 언어가 '봉사'인 사람들이 있습니다.

봉사라 함은 자신이 해야 할 일을 누군가가 대신 해주는 것으로서, 봉사가 자신의 사랑의 언어인 아내는 남편이 설거지를 해준다든지 음식물 쓰레기를 버려줄 때 그로부터 사랑받고 있다고 느끼겠지요.

사실 봉사는 한국 남성들의 대표적인 사랑 표현 방법이기도 한 것 같아요. "여보, 사랑해"라고 직접 말하기보다 또 스킨십을 통해 사랑을 표현하기보다 집안일을 도와준다든지 운전을 해준다든지, 아니면 무거운 물건을 들어다 준다든지 하는 것을 통해

1부. '나'에 대해 알고 싶은 것들

그런데 특별히 자신의 사랑의 언어가 인정하는 말인 사람들은 "사랑해", "당신이 최고야", "고마워", "잘했어", "당신은 이런 걸 참 잘하더라", "엄마는 네가 자랑스러워"와 같은 말을 들을 때 자신이 사랑받고 있다고 느낀다는 겁니다.

가족에 대한 사랑을 표현한다고 볼 수 있지요.

둘째, 사랑의 언어가 '선물'인 사람들이 있습니다.

어떤 사람에게 선물은 그것의 크고 작음에 상관없이 사랑을 나타내는 상징으로 큰 의미를 갖게 되지요. 그러니까 사랑의 언어가 선물이라는 말은 누군가로부터 선물을 받을 때 자신이 사랑받고 있다고 느낀다는 겁니다.

이런 경우를 생각해볼 수 있어요. 어떤 드라마를 보면 능력 있고 사회적 지위도 있는 남편이 출장을 갔다 오면서 보석이나 명품가방을 아내에게 선물해주었는데도 아내는 고마워하기는커녕 불만을 늘어놓으며 심지어는 이혼까지 하고 싶어하잖아요.

왜일까요? 남편은 아내에 대한 사랑을 선물로 표현했지만 아마도 아내의 사랑의 언어는 선물이 아닐 겁니다. 선물보다는 남편과 함께 오붓하게 차 한 잔 하면서 대화하는 것을 더 원할지도 모릅니다.

하지만 서로의 사랑의 언어에 대해 살펴보는 노력을 하지 않는다면 남편은 이렇게 말할 수도 있겠지요. "여보, 이런 명품가방 평생에 한 번만 선물해줘도 뿅 가는 여자들이 수두룩한데… 당신은 내가 수없이 사온 선물들에 대해 고마워한 적이 한 번이라도 있어?"라고 말이죠.

이처럼 우리가 사랑을 주고받는 방법이 서로 달라서 빚어지는 갈등이 참 많습니다. 여기까지만 살펴봐도 우리는 느낄 수 있지요. "우리 아내는, 우리 남편은 사랑의 언어가 봉사구나 혹은 선물이구나"라고 말이죠. 그리고 이것은 꼭 부부관계에만 적용이 되는 것은 아니지요. 부모와 자녀 관계에서도 마찬가지입니다.

셋째, 사랑의 언어가 '스킨십', 즉 '육체적 접촉'인 사람들이 있습니다.

어떤 사람들은 등을 토닥거려주거나 손을 잡아주는 것, 혹은 포옹하며 안아주는 것처럼 유난히 살을 맞대는 것을 좋아하는데, 이들의 사랑의 언어는 스킨십, 즉 육체적 접촉이라고 할 수 있지요.

그렇기 때문에 사랑의 언어가 스킨십인 아이들은 책상에 앉아 공부를 할 때 엄마가 오셔서 등을 토닥토닥해주거나 목이나 어깨를 주물러주면서 "우리 ○○ 애쓴다"라고 말을 해주면 기분이 좋아진다고 합니다. 왜냐하면 이런 접촉 즉 스킨십을 통해 "엄마는 너를 사랑해" 혹은 "엄마에게 너는 참으로 소중한 존재야"라는 말을 전달받는 것이기 때문입니다.

더불어 기억해야 할 것은 아이들에게 가해지는 체벌은 사랑의 언어가 스킨십인 아이들에게 아주 치명적일 수 있다는 사실입니다.

넷째, 사랑의 언어가 '인정하는 말'인 사람들이 있습니다.

"천만 번 더 들어도 기분 좋은 말~ 사랑해"라는 노래 가사처럼 아무리 들어도 질리지 않는 말은 '사랑해'라는 말일 것입니다. 또 '사랑해'라는 표현을 쑥스러워서 자신은 하지 못해도 그 말을 상대방이 해주길 바라는 것이 인간의 마음입니다.

그런데 특별히 자신의 사랑의 언어가 인정하는 말인 사람들은 "사랑해", "당신이 최고야", "고마워", "잘했어", "당신은 이런 걸 참 잘하더라", "엄마는 네가 자랑스러워" 같은 말을 들을 때 자신이 사랑받고 있다고 느낀다는 겁니다.

예컨대 사랑의 언어가 인정하는 말인 아내는 식사 후에 남편으로부터 "당신의 닭볶음탕 요리 최고!"라는 한 마디 말만 들어도 식사를 준비하면서 힘들었던 피로감이 싹 사라질 겁니다. 동시에 남편으로부터 충분히 사랑받고 있다고 느끼지요.

이뿐만이 아니죠. 인정하는 말이 사랑의 언어인 사람들은 아들딸을 비롯해서 누군가가 나에게 보내준 편지, 카드, 문자메시지들을 소중히 여겨서 간직하는 경향이 있습니다. 그렇기 때문에 이들은 배우자가 아무리 성실해도 무뚝뚝해서 사랑을 말이나 글로 표현하지 않는다면 불만을 가질 수밖에 없겠지요.

자, 이제 마지막으로 사랑의 언어가 '함께하는 시간'인 사람들이 있습니다.

함께하는 시간이라 함은 누군가에게 온전히 관심을 집중시키는 것으로서 분산되지 않은 마음으로 무언가를 함께하는 것입니다. 예를 들어 함께 외식을 하면서 상대방의 말에 경청을 한다든지 아니면 함께 요리를 한다든지 혹은 손자와 함께 장난감을 가지고 논다든지 하는 것들을 가리킵니다.

그렇기 때문에 자신의 사랑의 언어가 함께하는 시간인 아내

1부. '나'에 대해 알고 싶은 것들

들은 남편이 아무리 돈을 많이 벌어다 줘도 혼자 집에서 보내야 하는 시간이 길어지면 그것이 상처가 될 수도 있겠죠. 왜냐하면 이런 아내들에게는 그 무엇보다 남편과 함께하는 시간 그 자체가 귀한 선물이 될 뿐만 아니라 남편과 함께하는 시간을 통해 자신이 사랑받고 있다고 느끼기 때문입니다.

내 사랑을 온전히 전달하려면

지금까지 관계 속에서 서로 사랑을 주고받는 방식인 5가지 사랑의 언어에 대해 살펴봤는데, 여러분은 이 5가지 중 어느 것을 통해 자신이 사랑받고 있다고 느끼십니까? 또 식구들은 이 중 어느 것을 통해 사랑을 표현해줄 때 가장 좋아하던가요?

살아가면서 사실 우리에게는 이 5가지 사랑의 언어가 모두 필요합니다. 다 필요한데 음식 중에서도 내가 좋아하는 음식이 있고 또 내가 좋아하는 색깔이 있듯이, 내가 특별히 좋아하는 사랑표현방법이 있다는 것입니다.

그렇기 때문에 사랑을 표현할 때 이왕이면 내가 좋아하는 방식이 아닌 상대방이 좋아하는 방식으로 사랑을 표현해주면 나의 사랑이 상대방에게 제대로 전달될 수 있을 것입니다.

상대방이 원하는 방식으로 사랑을 표현해야 함의 중요성에 대해 말해주는 '소와 사자의 이야기'를 말씀드리며 이 강의를 마치려고 합니다.

소와 사자가 있었습니다. 둘을 죽도록 사랑하여 결혼을 하게 되었습니다. 그들은 서로에게 최선을 다하기로 약속했습니다. 풀만 먹고 사는 소는 최선을 다해 맛있는 풀을 사자에게 날마다 대접했습니다. 사자는 싫었지만 참았습니다. 피묻은 살코기를 뜯어먹는 사자도 최선을 다해 맛있는 살코기를 날마다 소에게 대접했습니다. 소도 괴로웠지만 참았습니다. 참는 것에는 한계가 있지요. 둘은 마주 앉아 얘기를 하게 되었고 서로에 대한 불평은 결국 다툼으로 이어졌으며 마침내 둘은 헤어지고 말았답니다.

서로에게 최선을 다했지만 서로가 원하는 방식이 아닌 내가 좋아하는 방식으로 사랑을 표현하는 것은 아무런 열매 없이 물거품이 될 수 있습니다.

2부

'감정'을
잘 다스리는 법

7강

✦✦✦

공감을 잘하는 비결은?

공감은 분노의 감정도 사라지게 한다

남자와 여자의 가장 큰 차이가 뭘까요? 다시 말해 남녀차이의 핵심은 뭘까요?

바로 '공감'입니다. 그럼 공감은 또 뭘까요? 상대방의 마음을 알아주는 것입니다. 우리가 지난 시간에 듣기의 수준에서 배운 것처럼, 우리는 상대방이 내 말에 귀 기울여주기를 원할 뿐만 아니라 더 나아가 공감받고 싶어합니다. 내 말을 들어달라는 말은 결국 내 말을 듣고 나의 마음을 좀 알아달라는 뜻이겠지요.

나이에 상관없이 아내들이 남편들에게 가지는 가장 큰 불만이 뭔지 아십니까? 남편이 자신(아내)의 이야기에 귀 기울여주지 않는다는 것입니다.

아내들은 마음이 상했을 때 남편들로부터 공감받기를 원하는데, 남편들은 주로 해결책을 제시하려고 하고 그러다보면 당연히 판단이나 훈계의 말을 많이 하겠죠. 그런 말들은 아내들에게 아무런 도움이 되지를 못합니다.

예를 들어 아내가 "여보, 오늘 친목계에서 정말 짜증나고 화났어. 아니 글쎄, 한 친구가 당신이 생일선물로 사준 꽃무늬 원피스를 보더니 너무 촌스럽다는 거야. 샘이 나나봐"라고 말을 했습니다.

이럴 땐 어떻게 공감을 해야 할까요? 혹 이런 식으로 말씀하시지는 않는지요? "그것 봐, 내가 일 날줄 알았어. 그 모임 이제 가지 마. 왜 돈 쓰면서 스트레스를 받아."

하지만 아내들이 원하는 것은 앞서 언급했듯이 그런 해결책을 제시해달라는 것이 아닙니다. 해결책이 아니라 내 속상한 마음을 좀 알아달라는, 공감을 좀 해달라는 것입니다.

이 친목계가 아내에게는 얼마나 소중한 모임인데… 그 말 한마디에 모임에서 탈퇴를 한다는 것은 마치 남편 말에 상처 한 번 받고서 이혼하겠다는 말과 다를 바 없잖아요.

살아가면서 우리는 매순간 어떤 경험을 하게 되고 그 경험의 결과로 생기는 것이 감정이므로 느껴진 감정은 표현해주면 됩니다. 왜냐하면 감정은 그 특성상 말로 표현하면 사라지기 때문입니다.

이때 누군가가 잘 들어줄 필요가 있습니다. 물론 허공에 대고 혼자서 큰소리로 말하는 것도 감정표현이기는 하지만, 아무래도 내가 하는 말에 귀 기울여주면서 공감까지 해주는 사람이 있다면 아무리 하늘을 찌를 듯한 분노의 감정일지라도 표현하는 순간 사라져버리는 것을 모두들 한번쯤은 경험한 적이 있으실 겁니다.

그럼 앞에 나온 예에서 남편이 아내에게 어떻게 공감을 하면 좋을까요?

지난 강의에서 상대방의 말을 들으면서 추임새를 한 번씩 넣어주면 최고의 경청이 될 수 있다고 한 것처럼, "당신, 정말 속상했겠다"라는 말 한마디면 아내의 속상했던 마음이 확 풀리지 않을까요?

물론 "원피스 잘 어울린다고 칭찬을 해주면 남편이 생일선물로 사준 거라고 자랑하고 싶었는데… 친구가 촌스럽다고 했으니… 얼마나 황당했겠어. 나도 이렇게 화가 나는데 당신 마음은 오죽했겠어"라고 하면 더 좋겠지만 "정말 속상했겠다", "정말 화가 났겠다"라는 말 한마디로도 상대방은 이해 받았다는 느낌을 충분히 가질 수 있습니다.

이렇게 잘 경청하고 공감할 때 더불어 기억해야 할 것이 있습니다. 바로 상대방에게 보이는 얼굴표정이나 몸짓과 같은 비언어적인 것들입니다. 이런 비언어적인 것들은 말을 할 때도 마찬가지로 중요하겠지요.

심리학이론 중에 '맥커크 효과'라는 것이 있는데, 이것은 실제로 경험도 해보기 전에 눈에 보이는 것만으로 그 맛을 평가하듯이 눈에 보이는 것에 의해 듣는 소리가 달라질 정도로 시각을 통해 어떤 감정이 생길 수 있음을 말해줍니다. 그렇기 때문에 귀로 입으로 반응을 해주는 것뿐만 아니라 몸으로도 반응을 잘 해주는 습관을 훈련해야겠습니다.

좀 더 구체적으로 말하면 미소 지으며 한 번씩 눈 마주쳐주고 고개도 끄덕거려주는 것입니다. 물론 이따금씩 손을 잡아준다든지 아니면 손뼉을 치면서 맞장구를 쳐줄 수도 있겠지요. 여기에 한 가지 더 첨가해야 할 것이 있는데, 바로 우리의 자세입니다.

자세는 아주 중요합니다. 흔히 자세는 우리의 마음상태를 말해준다고 하지요. 그래서 선생님들이 수업 중에 자세를 바르게 하라는 것입니다.

이처럼 우리가 상대방의 말에 귀 기울일 때 마음을 나타내주는 자세가 중요한데, 그럼 어떻게 해야 할까요? 몸의 중심축이 상대방을 향하게 하는 것입니다. 이것을 어떤 분은 "배꼽이 상대방을 향하게 하라"는 표현을 썼습니다. 제가 학교에서 강의를 할 때 구석에 앉은 학생이 엉덩이를 움직여 배꼽이 저를 향하도록 해서 들으면 정말 기분이 좋습니다. 그런 자세가 "교수님 강의를 잘 경청하고 있습니다"라는 뜻을 전해주는 것 같기 때문입니다.

좀더 지혜롭게 말하는 방법

이런 식으로 정성껏 들어주면 말하는 사람은 신이 나서 마구 이야기를 하고 싶어지겠죠. 하지만 말하는 사람도 지켜야 할 것들이 있습니다. 다시 말해 '잘 들어주어야 하듯이' 또 '잘 말해야' 하는 것입니다.

그럼 어떻게 하면 잘 말할 수 있을까요? 저는 두 가지를 말씀드리려고 합니다.

첫째는 나를 주어로 말을 하는 것입니다. 다시 말해 '나는~'으로 시작하면 상대방의 기분을 상하게 하지 않고도 내 생각이나 감정을 전달할 수가 있습니다. 다음은 경로당에서 흔히 오고가는 대화들입니다.

> "(너) 문 좀 닫고 다녀. 추워죽겠어."
> "염병하네, 너나 잘해."

> "(너) 조용히 좀 해. 시끄러워서 전화소리가 안 들려."
> "네가 나가서 받으면 되잖아."

어떠세요? 문장 앞에 (너)가 생략되어 있지요. 그러니까 "문 좀 닫고 다녀. 추워죽겠어"라는 말은 "너 문 좀 닫고 다녀. 추워죽겠어" 이런 말이잖아요. 이처럼 평상시에 우리는 나를 주어로

이렇게 잘 경청하고 공감할 때 더불어 기억해야
할 것이 있습니다. 바로 상대방에게 보이는 얼
굴표정이나 몸짓과 같은 비언어적인 것들입니
다. 이런 비언어적인 것들은 말을 할 때도 마찬
가지로 중요하겠지요.

하기보다는 너를 주어로 하는 말을 주로 하지요. 그런데 너를 주어로 하는 말들은 명령이나 판단 혹은 훈계 형식의 말이 되기 때문에 아무리 옳은 말일지라도 상대방의 기분을 상하게 할 수 있습니다.

그럼 이번에는 나를 주어로 표현한다면 어떻게 할 수 있을까요?

"나는 ○○가 문을 닫고 다녔으면 좋겠다. 문이 열리니까 너무 추워"라고 말하면 상대방이 뭐라고 반응을 보일까요?

이렇게 나를 주어로 말을 하면 상대방을 향해 지적하거나 명령하는 것이 아니라 단지 나의 마음 상태를 표현했을 뿐이기 때문에 상대방의 감정이 상할 이유가 없겠죠. 그러니까 상대방이 최소한 "염병하네"라고 말을 하지는 않겠죠.

한 가지 더 예를 들어볼까요? 친구랑 지하철역 입구에서 만나기로 하였습니다. 그런데 친구가 아무 연락도 없이 30분이나 늦게 왔습니다. 나는 추위에 덜덜 떨면서 기다려야 했지요. 만나면 뭐라고 하시겠습니까?

첫마디가 "지금이 몇 시야?" 혹은 "왜 이렇게 늦게 온 거야?"는 아닌지요? 그럼 우리가 배운 것처럼 나를 주어로 한다면 어떻게 해야 할까요? "(나는) 날씨가 너무 추운데 기다리느라 힘들었어. 늦는다고 연락이라도 해주었으면 이렇게 밖에서 떨고 있진 않았을 텐데" 혹은 "(나는) 아무 연락도 없이 오지 않으니까 무슨 일이 생긴 것은 아닌지 걱정했잖아"라고 하면 어떨까요? 어때요? '아' 다르고 '어' 다르듯이 나를 주어로 표현을 했을 뿐인데 참 다르지요?

이렇게 나를 주어로 하는 것은 부탁이나 자신의 의견을 주장하고 싶을 때뿐만 아니라 긍정적인 표현인 칭찬을 할 때도 쓰면 좋습니다.

예를 들어 우리가 남편에게든 아내에게든 "당신은 참 좋은 사람이야"라고 얘기를 하는 것과 "나는 당신이 참 좋아"라고 말하는 것, 어느 것이 더 좋으세요? "당신은 참 좋은 사람이야"는 긍정적이긴 하지만 너를 주어로 하는 말이라 판단의 말이 될 수 있잖아요. 그런데 "나는 당신이 참 좋아"라는 표현은 상대방에 대한 나의 감정을 표현한 것으로서, 상대방도 이 말을 들으면 더 기분이 좋지 않을까요?

내 마음에도 초록불이 켜지도록 하자

두 번째는 우리가 들을 때에 귀로만이 아니라 온몸으로 들어야 했듯이 말할 때도 얼굴표정, 몸동작, 목소리 톤과 억양, 신체반응 등의 비언어적인 면이 중요하다는 것입니다.

다시 말해 우리는 말하는 사람의 언어적인 표현과 비언어적인 표현이 일치하지 않을 때 굉장히 당황하게 되지요. 예를 들어 아이가 "엄마, 숙제 다 했으니까 이제 게임 좀 할게요"라고 했을 때 말로는 "그래"라고 했지만 비언어적인 표현, 그러니까 엄마의 얼굴표정은 "안 돼"를 나타낼 때가 있지요. 심지어는 누가 봐도 화가 난 얼굴표정임에도 불구하고 "나 화 안 났다니까" 하고 말할 때도 있고요.

이렇게 말(언어)로 보내는 메시지와 얼굴표정이나 몸짓으로 보내는 메시지가 다른 것을 심리학에서는 '이중구속 메시지'라고 합니다. 이중구속 메시지를 전달받으면 참으로 이러지도 저러지도 못하는 혼란스러움을 경험하게 됩니다. 다시 말해 이것은 신호등에 초록불과 빨간불이 동시에 들어온 것과 같다고나 할까요?

초록불과 빨간불이 동시에 켜지면 어떻게 해야 할까요? 건너가야 하나요? 멈춰서야 하나요? 말(언어)은 분명 초록불인데, 비언어적인 표현이 빨간불이라면 참으로 난감하겠지요? 그래서 어려서부터 부모가 이중구속 메시지를 많이 쓰면 아이는 자신의 판단을 신뢰하지 못하게 되고 그러다보면 점점 자신감이 없어져 자존감까지 영향을 받습니다.

우리는 언어적인 부분만을 중요시해서 말로 상처를 주지 않으면 괜찮다고 생각하는데, 사실 말보다 말과 함께 드러나는 비언어적인 표현들에 더 크게 상처를 받을 수 있습니다. 따라서 말(언어)로 보내는 메시지와 말(언어)이 아닌 비언어적인 메시지, 즉 얼굴표정이나 몸짓으로 보내는 메시지가 일치하도록 항상 애써야겠습니다.

8강

✦✦✦

나는 내 소신대로
살고 있을까?

인간은 동조하며 살아가는 사회적 동물

다음의 초성자는 무엇을 가리킬까요?

ㄸ ㄷ ㅂ 혹은 ㅎ ㅂ ㄱ

너무 막연한가요? 그럼 힌트를 드리겠습니다.

힌트 ① 매일 빈손으로 가서 출석도장만 찍어도 생필품을
무료로 받는다.

② 팀장이라 불리는 총각들이 '어머니'라 부르며 춤도
같이 추고 어깨도 주물러주면서 살갑게 대한다.

③ 내가 가장 듣고 싶은 말들, 그러니까 "어르신! 최고

예요", "어르신! 사랑해요", "어르신! 너무 예쁘세요" 같은 말들을 수없이 듣는다.

④ 다니다보면 나도 모르게 고가의 건강 관련 제품들을 사게 된다.

⑤ 65세 이상 80세 이하의 여자어르신들만 입장을 할 수 있다.

바로 '떳다방' 혹은 '홍보관'입니다. 여기서는 매스컴에서 자주 보도하는 떳다방에서 이루어지는 일들을 심리이론들로 분석해보려고 합니다.

제가 복지관에서 어르신들을 상담할 때 떳다방이나 홍보관이 문제가 된 경우가 참 많았습니다. 그곳에서 물건을 사 나르는 문제로 남편이 스트레스를 많이 받아서 상담을 요청하시기도 했고 어떤 경우는 며느리가 찾아오기도 했어요.

어떤 분은 수급자로서 정부에서 나오는 최저 생계비로 장애인 아들과 함께 살아가는데, 자신이 죽고 난 후 장례 치를 것에 대한 걱정이 이만저만이 아니었습니다. 그러던 차 떳다방에서 350만 원만 내면 수의도 주고 장례식도 대신 치러준다는 말에 혹해서 평생 동안 한푼 두푼 모은 돈을 갖다 주었는데, 그 사람들이 그야말로 순식간에 사라져버려서 전 재산을 날리고 만 경우도 있었습니다.

그렇다고 해서 그곳이 무조건 나쁘다고 매도하려는 것은 아닙니다. 경우에 따라서는 그곳에서 정말 외로움을 달래며 무료한 시간을 즐겁게 보내고 오는 분들도 있고, 그곳에서 무조건 비싼 물건들을 사는 것이 아니라 최소한의 돈을 쓰면서 온열매트 등의 기구들을 잘 이용하는 분들도 있지요.

우리가 떴다방이나 홍보관에서 볼 수 있는 첫 번째 심리이론은 '동조현상'입니다. 이는 "직접적인 부탁이나 요청이 없어도 주변 사람들이 모두 같은 의견이나 행동을 취하면 그대로 따라가려는 심리"를 말합니다.

예컨대 점심시간에 회사직원들이 식당에 갔습니다. 주문을 할 때 부장님이 짜장면을 시키면 다른 것이 먹고 싶어도 저는 '짬뽕이요', '잡채밥이요', '탕수육이요'라고 하기가 쉽지 않지요. 심지어는 부장님이 시킨 짜장면으로 통일시켜 주문을 하기도 합니다.

이런 경우도 아주 흔한 동조의 예라고 할 수 있지요. 친목계에서 날씨가 너무 더우니까 산이나 바다로 하루 정도 여행을 떠나면 어떻겠냐는 의견이 나왔습니다. 그때 나는 산을 좋아하지만 다른 친구가 '여름엔 당연히 바다지!'라고 하면서 바닷가로 여행지를 정하고 추진하면 그 상황에서 혼자 반대하는 것이 쉽지가 않지요. 그러다보면 결국에는 자연스럽게 바다로 여행을 떠나게 되겠지요.

횡단보도를 건널 때도 동조현상을 쉽게 목격할 수 있습니다. 그러니까 신호등에 빨간불이 들어오면 차가 다니지 않아도 사람들은 건너지 않습니다. 하지만 만약 누군가가 신호등이 빨간 불인데도 건너면 어떻게 될까요?

지금까지의 실험결과로는 횡단보도에 서 있던 대부분의 사람들이 그 사람을 따라서 빨간 신호등이 켜졌는데도 건너갔습니다.

이처럼 우리는 나 자신이 삶의 주인으로서 모든 것을 소신 있게 내 뜻대로 결정한다고 생각하겠지만, '사회적 동물'이라 불리는 인간은 관계 속에서 타인의 영향을 받아 동조하며 살아갈 수밖에 없습니다.

방금 말씀드린 사례들에서 본 것처럼 우리 주변에서 흔히 볼 수 있는 동조현상과 관련하여 사회심리학자인 애쉬(Asch)는 이런 실험을 했습니다.

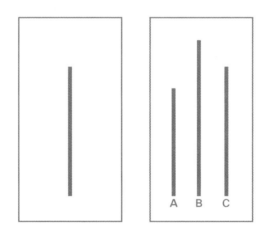

실험에서 "위의 그림에서 왼쪽 막대기의 길이와 같은 것을 오른쪽 그림에서 고르시오"라는 문제가 주어졌습니다. 어때요?

2부. '감정'을 잘 다스리는 법

너무 쉽지요. 당연히 답은 C입니다. 그런데 만약에 10명 중 9명
이 짜고서 B가 답이라고 하면 10번째 사람은 대부분 B가 정답
이라고 한다는 겁니다.

내 마음이 흔들릴 때 붙잡는 법

그렇다면 이런 동조현상이 생기는 이유가 뭘까요?

첫 번째로 사람들은 타인에게 호감이나 인정을 받고 싶은 욕
구가 있기 때문이라고 할 수 있습니다. 다시 말해 집단 속에서
나만 왕따를 당한다면 정말 견디기가 쉽지 않겠지요. 정장을 싫
어하는 사람이 결혼식장에 갈 때는 정장을 하는 것도 바로 이런
맥락에서 이해할 수 있습니다.

동조현상이 생기는 두 번째 이유는 정보 때문입니다. 이를테
면 사람들은 애매한 상황일 때는 당황해하면서 주변 사람들이
어떻게 행동하느냐를 보게 되지요. 그러니까 어떤 상황에서 판
단이 잘 서지 않을 때는 나보다 타인이 더 많은 정보를 가지고
있을 것이라고 생각하기 때문에 동조를 하게 되는 것입니다.

예컨대 낯선 곳에서 식사를 해야 할 때가 있습니다. 그럴 때
는 어떻게 식당을 선택하시나요? 저는 주로 사람들이 많이 북
적대는 식당을 고르는 편입니다.

이런 동조현상이 떳다방이나 홍보관에서는 어떻게 나타날까

사람들은 애매한 상황일 때는 당황해하면서 주
변 사람들이 어떻게 행동하느냐를 보게 되지요.
그러니까 어떤 상황에서 판단이 잘 서지 않을
때는 나보다 타인이 더 많은 정보를 가지고 있
을 것이라고 생각을 하기 때문에 동조를 하게
되는 것입니다.

요?

그곳 사람들이 물건을 팔 때 자주 하는 말이 있습니다. 누구도 샀고 누구 할머니도 샀고 모두들 다 샀는데 어르신은 왜 안 사느냐고 몰아가잖아요. 사실 물건을 꼭 사란 법은 없습니다. 그런데 그곳에서는 물건을 사지 않으면 이상하게 몰고 가지요. 마치 그 집단 속에서 왕따를 시키려는 듯 말이지요. 한 술 더 떠서 "돈 없으세요?" 이번 설에 자식들이 용돈 안 주고 갔나요?" 그러면 자존심이 상해서 형편을 고려하지도 못하고 또 나에게 꼭 필요한 물건이 아닌데도 충동적으로 물건을 사게 되는 경우가 많습니다.

하지만 짬뽕이 먹고 싶으면 남들이 다 짜장면을 시킨다고 해도 "나는 짬뽕이요"라고 당당하게 말할 필요가 있듯이, 나에게 굳이 필요 없겠다 싶으면 아무리 꼬드겨도 중심을 잡고 "저에게는 아직 필요한 물건이 아닙니다"라고 말할 수 있다면 참 좋겠지요.

떳다방이나 홍보관에서 볼 수 있는 두 번째 심리이론은 '인지 부조화'입니다.

흔히 사람들은 자신의 태도와 행동이 부조화 상태에 있을 때 마치 몸과 마음이 따로 노는 것처럼 부자연스러움을 느낍니다. 그래서 태도와 행동을 일치시키려고 애쓰게 되는데요, 이미 한 행동은 바꾸기가 어려우므로, 태도를 바꾸어 그에 맞추려고 하지요.

예를 들면 중국집에서 짜장면을 시켰습니다. 옆 테이블은 짬뽕을 시켰나봅니다. 종업원이 짬뽕을 가지고 오는데 그 위에 놓인 해물이 너무 먹음직스럽게 보입니다. 짬뽕냄새 또한 입에 침이 고일 정도로 좋습니다.

그 순간 후회가 됩니다. "아~ 짬뽕을 시킬걸 그랬어." 하지만 이미 짜장면을 시켰고 주문을 바꾸기에는 너무 늦었습니다. 그 순간 나의 태도를 내가 취한 행동에 맞게 바꿉니다. 이를테면 마음속으로 "아니야. 이 집은 원래 짜장면을 더 잘하기로 유명하지. 난 한 달 동안 짜장면을 먹지 못했잖아. 그리고 짜장면이 짬뽕보다 1000원이나 더 싸잖아"라고 중얼거리면서 마음을 달래고 추스릅니다.

이런 경우도 있지요. 외출했다가 돌아오는 길에 지하상가를 지나게 되었습니다. 철이 바뀌어 많은 옷가게들이 세일 중이었습니다. 예쁜 빨간색 가디건을 단돈 2만 원에 사가지고 왔습니다.

집에 돌아와서 입어보니 그곳에서 보았을 때랑 달리, 빨간색이 나에게 잘 어울리는 것 같지 않았습니다. 와서 보니 그 가디건에 받쳐 입을 옷도 마땅치가 않았습니다. 하지만 싸다는 이유로 교환이나 환불을 할 수 없습니다. 이럴 때 어떻게들 하시나요? 가디건을 산 행동은 취소할 수가 없지만 나의 태도는 바꿀 수가 있지요.

어떻게? "아니 이렇게 저렴한 가격에 멋진 가디건을 사다니… 너무 잘한 일이야. 혹 놀러 가거나 할 때는 빨간색 가디건이 하나쯤은 있어야지" 아니면 "낼 모래가 동생 생일인데, 이걸 선물할까?" 이런 식으로 나의 태도를 내가 취한 행동에 맞추어 바꾸는 겁니다.

어떠세요? '인지부조화' 이론을 일상에서 자주 경험하고 있음을 느끼셨을 겁니다. 그러니까 떳다방이나 홍보관과 관련하여 생각해볼 때도 인지부조화 이론은 빠질 수가 없겠지요.

친구들이 사니까 별 생각 없이 나도 덩달아 건강 관련 제품들을 사가지고 와서 후회가 될 때, "이 매트가 비싸긴 해도 불을 안 때면 겨울 내내 난방비가 많이 절약되니까 한 2년만 쓰면 본전은 뽑을 수 있어"라고 혼잣말로 자신을 위로하는 것이 바로 인지부조화입니다. 그리고 이런 식으로 물건을 사는 행동을 계속 정당화하겠지요.

떳다방이나 홍보관과 관련하여 생각해보아야 할 심리이론으로 이번에는 '위약 효과' 혹은 '플라시보 효과'를 소개하려고 합니다.

이것은 가짜 약을 먹었는데도 치료효과를 보았다는 데서 나온 이론입니다. 그러니까 환자에게 설탕물을 주면서 '특효가 있는 약이니 반드시 효과가 있을 것이라는 믿음'을 가지게 한 후 약을 주면, 그 환자가 약에 들어 있지도 않은 치료효과를 보게 되는 것을 말합니다.

이 이론이 나오게 된 배경은 제2차 세계대전으로 거슬러 올라갑니다. 전쟁 중에 군인들이 아프다고 난리들이에요. 배가 아프다. 머리가 아프다. 그런데 약은 턱없이 부족했습니다. 하는 수 없이 의사들이 설탕물 같은 것을 주면서 "이거 특효약입니다. 드세요"라고 했는데, 놀랍게도 그걸 먹은 군인들이 괜찮아졌다는 겁니다.

어떻게 된 일일까요? "생각하는 대로 된다"는 말이 있듯이, '특효약'을 먹었으니 나을 거라는 환자 스스로의 믿음, 즉 자기암시가 치료효과를 가져왔다고 볼 수 있지요.

그러니까 떳다방이나 홍보관에서 사온 제품들을 쓰고서 효과를 본 사람들이 당연히 있을 수 있는데, 이것을 약이나 건강기구가 특별해서 효과가 있는양 과대선전을 하는 것이 문제입니다. 예를 들어 이것만 사면 허리 아픈 데, 다리 아픈 데, 어깨 아픈 데 다 나을 수 있다면서 마치 만병통치약인 것처럼 소개해 엄청나게 비싼 가격에 팔고 있잖아요.

바로 이런 점에 유념하여 어떤 제품이나 약을 사실 때는 일반 시중에서 파는 것들과 가격 비교도 해보고 또 품질검사를 받은 마크가 있는지도 확인을 해보면서 이 시간에 배운 심리이론들도 되새겨보았으면 좋겠습니다.

2부. '감정'을 잘 다스리는 법

9강

✦✦✦

우리는 왜
사소한 부탁에
넘어가는가?

세상에 공짜는 없다

우리가 지난 시간에 이어 계속해서 떳다방이나 홍보관과 관련하여 알아두면 유용한 심리이론들에 대해 알아보려고 하는데, 여기서는 특별히 설득을 해서 자신의 부탁을 들어주도록 하는 것, 즉 물건을 팔 때 쓰이는 상술들에 대해 구체적으로 살펴보려고 합니다.

살펴보기 전에 몇 가지 기억해야 할 인간의 심리가 있습니다. 첫 번째로 "무언가를 받으면 되돌려줘야 한다"고 느끼는 것입니다. 이것은 심리학에서 '상호성의 법칙'이라 불리는데, 인간은 작은 선물이나 호의를 받아도 그것을 그대로 갚아야 한다는 의

무감이 생기게 마련이지요.

그래서 설문조사를 할 때도 설문지가 들어 있는 봉투 안에 문화상품권 같은 선물을 함께 동봉하는 경우가 많은데, 그렇게 할 때 더 많은 응답을 얻어낼 수 있다고 합니다. 그런 연유로 세상에 공짜는 없으며, 또 공짜가 가장 비싸다고 하는 것 같습니다. 예로부터 새로 이사 온 집에서 돌린 떡 접시를 빈 그릇으로 보내지 않았던 것 또한 그런 이유 때문이 아닐까요?

이런 심리가 물건을 팔 때도 마찬가지로 적용되는데, 작은 선물이나 사은품을 받으면 아무것도 받지 않았을 때보다 호의를 베푼 사람의 요구를 더 잘 들어주게 된다는 겁니다.

예를 들면 요즘은 보험설계사들이 '생활설계'에서 한걸음 더 나아가 보험판매 이외에도 재테크 상담이나 금융상품들을 소개하면서 전반적인 재정관리도 함께 해주는데, 이런 정보들을 꾸준히 받다보면 혹 나중에 보험가입을 권유받았을 때 거절하지 못하고 가입하는 경우가 많다고 합니다. 왜일까요? 그동안 보험설계사로부터 일방적이지만 꾸준히 받아온 호의가 갚아야 할 빚으로 느껴졌기 때문입니다.

두 번째로 '일관성의 법칙'이라는 것이 있습니다. 이것은 일단 어떤 입장을 취하게 되면 사람들은 자신의 감정이나 행동을 결정된 입장을 정당화하는 방향으로 맞춰나간다는 것입니다.

이렇게 하는 이유는 일관성을 유지하는 것이 사회적 미덕이기 때문인데, 일관성에서 벗어나는 말이나 행동을 했을 때 받을 비난을 두려워하기 때문입니다. 우리가 어떤 결정을 내렸을 때 일관성을 유지하게 되는 또 한 가지 이유는 일관성을 유지할 때 '긍정적 결과'가 나온다는 사회적 통념을 믿기 때문이지요.

그러다보니 어떤 상품을 구두로 구매하고 마침내 상품이 왔을 때 사은품이 빠졌어도 혹은 계약 당시 보았던 제품과 좀 달라도 심지어는 계약 당시보다 돈을 좀 더 지불해야 하는 상황이 벌어져도 대부분의 사람들은 웬만해선 의사결정을 번복하지 않는다는 사실입니다. 왜냐하면 일관성의 법칙에 의해 내가 구매한 상품과 서비스를 최고라고 믿기 때문이지요. 그런 심리를 이용하여 물건을 파는 사람들은 어떻게 해서든지 무조건 계약 먼저 성사시키려 합니다.

아무리 작은 것도 받으면 빚이 된다

그럼 우리가 어떤 식으로 상술에 넘어가는지 이제부터 하나씩 살펴보겠습니다.

첫째, '문간에 발 들여놓기 기법'이 있는데, 이것은 처음에는 작은 부탁을 하다가 들어주면 큰 부탁을 하는 것을 말합니다.

이것을 흔히 단계적 요청이라고도 하는데요, 예전에 세일즈맨이 초인종을 눌러서 문을 열어주면 일단 한 발을 문 안에 들여놓아 문을 못 닫게 한 다음 5분만 시간을 달라고 합니다. 그래서 일단 들어주면 세일즈맨은 점점 더 큰 부탁을 하고 결국에는 그 상품을 사게 되었던 것에서 시작되었다고 볼 수 있습니다.

예를 들어 대형마트에 가면 직원들이 처음에는 작은 부탁을 합니다. "사장님! 이거 한 번 드시고 가세요?"라고 하면서 이쑤시개에다 고기나 소시지류 혹은 과일 이런 것들을 끼워서 시식해보라고 하지요.

어때요? 들어주기 어려운 부탁인가요? 아니지요? 맛난 것을 먹어보라는 부탁이니까 당연히 들어주지요. 그래서 시식을 합니다. 그러면 뭐라고 하나요? "사장님! 맛있지요? 이렇게 맛있는 만두를 오늘 단 하루만 한 봉지 더 드립니다"라고 하면서 이제 큰 부탁을 합니다. 어느 때는 만두를 아예 카트나 장바구니에 집어넣잖아요.

그럼 이번에는 또 어떻게 하시나요? 아무리 작은 것이라도 받으면 왠지 갚아야 할 빚으로 여겨지는 것이 인간의 마음이기 때문에 망설이다가 사가지고 온 경험이 누구나 있을 겁니다.

홍보관이나 떳다방에서도 같은 기법을 사용합니다. 그곳에 매일 가실 때마다 출석도장을 찍게 하고 열 개를 찍으면 두루마리 화장지 한 묶음이나 계란 한 판을 드리겠다고 약속합니다.

정말 기분이 좋지요. 아니 이런 곳이 어디 있겠습니까? 그렇지 않아도 날마다 시간 보내는 것이 지루하게 느껴져서 고민인데, 그곳에 가기만 하면 함께 놀아주며 즐겁게 해주고 내 얘기까지 들어주는 것도 모자라 계란 한 판을 선물로 주다니… 당연

홈쇼핑에서 이 말을 하는 의도는 기본 구성품 중에 또 다른 상품을 추가로 주는 것처럼 말해서 구매율을 높이려는 것인데요, 추가로 덤을 주는 것은 사실이지만 막상 받아보면 별 쓸모가 없는 것들이거나 대충 기획 상품으로 만들어진 것들이라 질이 떨어지는 경우가 많지요.

히 매일 가서 출석도장을 찍을 수밖에 없겠지요.

하지만 이것이 전부가 아닙니다. 그렇게 열 번 정도 드나들었을 때 이제 큰 부탁을 하지요? 바로 각종 건강 관련 기기나 제품 혹은 건강보조식품 같은 것들을 사라고 강요합니다. 다시 한 번 말씀드리지만 이 세상에 공짜는 없습니다. "우리는 뭐 땅을 파먹고 장사하나? 뭐가 남아야 장사하지"라는 말이 있듯이 말입니다.

'문간에 발 들여놓기 기법'은 요즘 다양하게 적용되는데요, 한 가지만 예를 더 들면 커피숍 등에서 열 개의 도장을 찍으면 한 잔의 공짜커피를 마실 수 있는 쿠폰을 만들어주면서 그 커피숍을 애용하도록 유도하고 있습니다.

그런데 최근 연구결과에 의하면 쿠폰을 받은 소비자가 열 잔의 커피를 소비하는 데 24.6일이 걸리는 반면, 쿠폰이 없는 소비자는 29.4일이 걸린대요. 쿠폰에 도장을 찍는 소비자가 커피 열 잔을 마시는 데 평균 5일 정도 빠른 주기를 보인다고 합니다.

이것은 마치 아이들이 피자나 치킨을 시켜먹고 모은 쿠폰이 7개나 8개 될 때 공짜로 피자나 치킨 한 마리를 받기 위해 연거푸 피자나 치킨을 시켜먹으며 돈을 쓰는 것과 마찬가지라고 할 수 있겠지요. 이렇게 분석을 해보면 열 개의 도장을 찍고 한 잔의 공짜커피를 마시는 것이 실제로는 공짜가 아니라 돈을 더 쓰게 만드는 상술이라는 것을 알 수 있습니다.

그렇기 때문에 이제 우리는 사소한 부탁─공짜로 주는 작은 선물이라 할지라도—에 동의하는 것을 가볍게 생각하지 말아야겠습니다.

낮은 공 기법과 문전박대 기법

둘째, '낮은 공 기법'이 있는데, 이것은 '어떤 일에 대한 요구를 불명료하게 하여 일단 수락을 받은 후에 그 요구의 내용을 분명히 하는 것'을 말합니다. 이 기법은 야구에서 투수의 공이 낮게 들어오다가 갑자기 높게 들어오는 것에 비유한 것입니다.

휴대폰 가게를 지나다보면 '공짜 폰' 혹은 그와 유사한 말들의 플래카드가 출입문 앞에 붙어 있는 것을 봅니다. 그런데 그 문구만 보고 들어가서 휴대폰을 사면 큰 낭패를 볼 수 있지요. 휴대폰을 판매하는 사람이 그러잖아요. 이거 3개월만 6만 원 요금 내면서 부가서비스 사용하고 그 다음부터는 3만 원 요금제로 바꾸실 수 있다고. 그 말만 믿고 휴대폰을 새로 장만합니다. 그리고 3개월 후에 가서 요금제를 바꾸려고 하면 설명이 복잡해지고 또 다른 것들과 맞물려 있어서 요금제를 바꾸는 것이 쉽지 않지요.

피서지에서 무료주차가 된다고 해서 들어갔는데, 그 대신 파라솔을 비싼 값에 빌려야 한다든지 하는 것도 일종의 낮은 공 기법이라고 볼 수 있습니다.

또 유명 관광지를 무료 또는 실비로 관광시켜주겠다고 하면서 회원을 모집하는 경우를 종종 보셨을 거예요. 하지만 막상 도착하면 견학을 핑계로 사람들을 모아놓고 비싼 건강보조식품이나 의료보조기구들을 강매합니다. 그곳에서는 터무니없이 많은 것들을 보너스로 끼워주면서 중간 마진이 없기 때문에 이렇게 줄 수 있다고 하면서 무조건 물건 먼저 가져가게 하잖아요. 들고 갈 수 없으면 택배로 부쳐주지요.

문제는 나중에 돈 내라고 보낸 지로용지인데요, 사실 그 지로용지에 적힌 가격을 보면 덤으로 준 물건들까지 다 계산했다는 것을 알 수 있습니다.

이런 경우도 낮은 공 기법입니다. 우리가 홈쇼핑에서 자주 듣는 말 중의 하나가 "이것이 전부가 아닙니다"인데요, 이 말이 왜 낮은 공 기법에 해당할까요?

홈쇼핑에서 이 말을 하는 의도는 기본 구성품 중에 또 다른 상품을 추가로 주는 것처럼 말해서 구매율을 높이려는 것입니다. 추가로 덤을 주는 것은 사실이지만 막상 받아보면 별 쓸모가 없는 것들이거나 대충 기획상품으로 만들어진 것들이라 질이 떨어지는 경우가 많지요.

"눈 감으라 해놓고 코 베어간다"는 말이 있는데, 어찌 보면 낮은 공 기법은 "눈 크게 뜨게 해놓고 코 잘라간다"라는 말에 비유될 수 있지 않을까 싶습니다.

2부. '감정'을 잘 다스리는 법

마지막으로 '문전박대 기법'이 있는데, 이것은 '문간에 발 들여놓기 기법'과는 정반대의 것이라 할 수 있습니다. 그러니까 문전박대 기법은 처음에는 큰 요구를 했다가 거절하면 다소 작은 요구를 하는 것을 말합니다.

자식을 키울 때 이런 경험들을 해보셨을 겁니다. 아들이 말합니다. "엄마, 저 오늘 휴가 나온 친구를 만나기로 했는데, 5만 원만 주세요." 그러자 엄마가 "너는 5만 원이 뉘 집 애 이름인줄 아니?"라고 소리치며 말합니다. 그럼 아들이 "엄마, 그럼 2만 원만 주세요"라고 합니다.

그러면 대개 엄마들은 얼른 태도를 바꾸어 2만 원을 주지요. 왜일까요? 사람과 사람 사이에는 서로 주고받는 것, 즉 상호 보완성이 있기 때문에 상대방의 요구나 부탁을 거절하면 미안한 마음이 들게 되지요. 그래서 뒤이은 부탁은 거절할 수가 없습니다. 그런 연유로 '문전박대 기법'을 '좀 전엔 미안했어 기법'이라고도 하는 것입니다.

이런 경우도 흔히 볼 수 있습니다. 옷가게 같은 곳에서 "이 가디건 얼마예요?", "7만 원이에요." 이때 너무 비싸다고 하면 옷가게 주인이 뭐라고 하죠? "좋아요. 개시니까 5만 원으로 깎아줄게요" 하는 것들이 다 일종의 문전박대 기법입니다.

어떠세요? 문전박대 기법에 넘어가 물건을 사신 적이 있지 않나요?

홍보관이나 떴다방에 출입하다보면 큰 의료기기나 매트처럼 고가의 물건을 사도록 강요받잖아요. 그러나 사고 싶어도 너무 비싸서 살 수 없는 경우가 있지요. 그러면 미안한 마음에 비싼 것 대신 비교적 싼 가격에 해당하는 건강보조식품들을 사는 경우가 많은데, 이것이 바로 문전박대 기법에 해당하는 사례입니다.

지금까지 마케팅 기법이라고 할 수 있는, 우리의 삶 깊숙이 자리 잡고 있는 몇 가지 상술에 대해 살펴보았는데, '조삼모사'라는 고사성어가 이 강의내용을 잘 대변해줍니다.

송나라 저공이라는 사람이 원숭이를 좋아해서 원숭이를 많이 기르고 있었는데 집안형편이 나빠지자 원숭이의 먹이를 줄이기로 했습니다. 그래서 이렇게 말했답니다. "이제부터는 도토리를 아침에 세 개, 저녁에는 네 개씩 주겠다." 그 말을 들은 원숭이들은 불같이 화를 내기 시작했습니다. 그러자 저공이 다시 선심을 쓰듯이 이야기를 했습니다. "그럼 아침에 네 개, 저녁에 세 개씩 주겠다." 이에 원숭이들은 손뼉을 치며 좋아했다고 합니다. 이 것은 공짜를 진짜 공짜라고 생각하는 사람들의 모습과 별반 다르지 않은 것 같습니다.

10강

쿠폰 모으듯
감정을 계속 쌓아둔다면?

묵은 감정이 뒤늦게 터질 때

인간에게 기억이 없다면 어떤 일이 벌어질까요? 당연히 말도 안 되는 질문이지요. 인간에게 기억이 없다면 가장 초보적인 일상생활도 할 수가 없을 겁니다. 다시 말해 기억이 없다면 오직 이 순간만이 존재하기 때문에 다른 사람을 알아보거나 생활에 필요한 기술들을 사용할 수가 없게 됩니다. 당연히 공부를 할 필요도 없겠지요. 이처럼 살아가면서 기억하는 능력은 아주 중요한 역할을 합니다. 이번 강의는 무엇보다도 기억과 밀접한 관련이 있는 감정이 중심 주제입니다.

우리는 똑같은 사람을 앞에 두고 전혀 다른 기억을 하곤 하는

데 그 이유가 뭘까요? 바로 감정 때문입니다. 이 말은 현재 내 감정이 어떠냐에 따라 현재의 내 감정과 비슷한 것들을 기억한다는 뜻이지요.

예를 들면 지금 나와 남편과의 관계가 좋으면 어떻지요? 신기하게도 남편이 나에게 잘해주었던 일들만 기억이 납니다. 그럼 반대로 배우자와 싸워서 기분이 좋지 않을 때는 어떨까요? 서운했던 일들이 줄줄이 사탕처럼 계속 생각이 나지요. 그래서 부부가 싸우다보면 20~30년 전 신혼 때 서운했던 일들까지 들추어내지 않습니까?

이처럼 살아가면서 감정을 잘 처리하지 않으면 우리에게 기억이 살아 있는 한 풀어지지 않은 내 감정이 기억에 영향을 주어 나 자신은 말할 것도 없고 상대방도 힘들게 할 수 있습니다. 더욱이 풀어지지 않은 채 쌓아두기만 했던 감정들은 치매에 걸렸을지라도 사라지지 않고 그 대가를 치르게 됩니다.

그래서 오늘은 '감정을 쌓아두는 것'에 대한 공부를 하려고 합니다.

예를 들어, "더도 말고 덜도 말고 한가위만 같아라"는 옛말이 있을 정도로 추석은 풍성하고 기쁜 날이지만, 그 즐거운 명절이면 쌓였던 감정의 앙금들이 여러 형태의 감정 폭발로 이어지는 경우를 매스컴을 통해 접하게 됩니다. 다시 말해 그동안 표현하지 못했던 묵은 감정들이 명절을 계기로 터져버렸다고 볼 수 있지요.

2부. '감정'을 잘 다스리는 법

얼마 전 상담했던 75세의 여자어르신은 명절만 다가오면 이유 없는 어깨 통증으로 고생한다고 말씀하셨습니다. 작년에는 추석 전날 녹두전을 부치는데 몸이 유독 힘들었다고 합니다. 근처에 아들내외가 살고 있는데, 집에 있을 며느리에게 도와달라는 부탁을 할까 말까 망설이다가 그냥 마음을 접으셨고요.

어르신 혼자 힘겹게 전을 부치는데 여러 생각들이 스쳐 지나 갔답니다. 다른 며느리들은 명절 전날 시댁에 와서 잘도 돕는다 던데, 나는 무슨 잘못을 해서 이렇게도 복이 없나 하고 말이죠. 그동안 고추같이 매운 인생을 살아낸 사람으로서 참으로 만감 이 교차했답니다. 그래도 이혼하지 않고 저들끼리 잘살면 됐다 고 스스로의 마음을 다독이셨지만 어깨 통증은 계속되고 있다 며 고통을 호소하셨습니다.

이 어르신의 경우 "몸의 질병은 마음으로부터 온다"는 옛 속 담처럼 그동안 살아오면서 표현하지 못한 서운한 감정들이 어 깨 통증으로 나타난 것 같습니다. 이런 것을 통증의학에서는 다 음과 같이 표현합니다.

사람이 마치 목까지 차오르는 분노를 내리누르려고 두 주먹 을 꽉 쥐듯이, 자신의 불편하고 부정적인 감정들을 표현하기보 다는 생각이 나는 것조차 막으려고 애쓰다보니 몸의 근육을 긴 장시키게 되고 그 일이 반복되니까 통증이 생기게 된 것이라고 말입니다.

그럼 어떻게 해야 어깨 통증으로부터 벗어날 수 있을까요?

무엇보다도 명절과 관련하여 과거에 표현하지 못하고 마음속에 담아두었던 분노나 속상했던 일들을 말로 표현하는 것입니다. 물론 그 옛날 너무 과거의 일이라 상대방에게 감정을 표현하는 것이 쉽지 않을 때는 신뢰할 만한 누군가에게 속상한 마음을 털어놓는 것도 좋은 방법입니다. 왜냐하면 표현되지 않은 감정은 시간이 지난다고 해서 자연스럽게 사라지지 않기 때문입니다.

그래서 감정표현과 관련하여 임상에서는 이런 말을 합니다. 감정을 표현하지 않고 쌓아두는 것이 우울증이고, 그런데도 표현하지 않고 쌓아두면 세월이 흘러 화병이 되며, 화병이 왔는데도 표현하지 않고 쌓아두면 치매에 걸린다고 하죠. 이 말은 표현하지 않은 감정은 치매에 걸려서라도 그 대가를 치르고야 만다는 것인데, 감정을 쌓아두는 것이 얼마나 해로운지를 잘 말해줍니다.

감정에도 힘이 있다

실제로 요양병원에 가보면 한밤중에 큰 소리로 욕설과 함께 자식 이름을 부르며 그동안 표현하지 못했던 속상하고 억울한 마음들을 쏟아내는 분들이 있습니다.

이처럼 표현하지 못하고 쌓아놓은 감정은 사라지지 않을 뿐만 아니라 감정은 에너지이기 때문에 나중에는 폭발되기도 하

이처럼 살아가면서 감정을 잘 처리하지 않으면
우리에게 기억이 살아 있는 한 풀어지지 않은
나의 감정이 기억에 영향을 주어 나 자신은 말
할 섯노 없고 상대방노 힘들게 할 수 있습니다.

지요.

"꽃집의 아가씨는 예뻐요"라는 노래 가사 기억하시나요? 꽃
집의 아가씨를 매일 봤습니다. 매일 보면 어떨까요? 어떤 자극
에 대한 반응으로 '좋다'라는 감정이 생기겠지요. 이 일이 매일
반복됩니다. 그러면 감정은 눈에 보이지는 않지만 좋아하는 감
정이 더해지고 또 더해져서 꽃집의 아가씨를 보면 흥분이 됩니
다. 막 떨리고요. 그러다가 프러포즈를 할 수도 있고 결혼까지
가기도 하는 겁니다.

이것이 바로 "감정에는 힘이 있다"는 것을 말해주는 겁니다.
좀 더 구체적으로 말하면 앞의 예에서는 좋아하는 감정이 쌓여
서 결혼으로 이어졌지만 반대로 화나는 감정이 쌓이면 폭발을
해서 싸우거나 큰 일이 벌어질 수도 있습니다.

아버지가 퇴근해서 아들 방에 들어갔는데 아들은 게임에 정
신이 팔려서 아버지가 들어오신지도 모릅니다. 그것을 보았을
때 하루 종일 열심히 일하고 온 아버지 마음이 어떠했겠습니
까? 그런데 그런 날들이 하루 이틀이 아니었습니다.

사실 아버지가 평상시에 감정을 쌓아두기보다 "아들, 아버지
가 하루 종일 일하고 와서 네 방에 들어갔는데 그것도 못 알아
채고 게임하는 걸 보니, 아빠가 속이 많이 상하네" 하고 이야기
를 했다면 별문제가 없었을 텐데. 아버지가 자신의 감정을 표현
하지 않고 마음속에 쌓아만 두다보니 나중에는 폭발이 되고 만
것입니다.

2부. '감정'을 잘 다스리는 법

어떻게 폭발했을까요? 어느 날 아버지가 아들 방에 들어갔다가 게임하고 있던 아들의 컴퓨터 모니터를 들고 거실 베란다로 가서 밖으로 던져버렸습니다. 그래서 지나가던 어린이의 머리에 떨어졌고 그 어린이는 중상을 입었습니다.

이처럼 감정은 에너지이기 때문에 표현하지 않고 쌓아두면 문제를 일으키게 되지요. 저희 애들이 중학교 다닐 때 처음으로 핸드폰이 나왔는데, 이걸 사고 싶어서 난리가 났지요. "엄마, 우리 반에서 나만 빼고 다 핸드폰 있어요." 이 말에 속아서 많은 엄마들이 핸드폰을 사주고 힘들어했습니다. 그래서 급기야는 아이들 핸드폰을 뺏어서 방바닥에 내동댕이쳤다는 얘기를 여러 번 들었습니다.

이런 경우도 평상시에 "엄마는 네가 시도 때도 없이 핸드폰을 하니까 성적이 떨어질까봐 걱정이 된다. 시간을 정해놓고 하면 어떨까?" 하면서 그때 그때 감정을 풀었어야 했는데 말입니다.

여러분은 평상시에 감정표현을 좀 하는 편이신가요?

이번 강의의 핵심은 감정을 표현하지 않고 억압하면 어쨌든 대가를 치를 수밖에 없다는 겁니다. 그러니까 살아가면서 감정을 쌓아두지 말고 잘 풀어주는 것이 필요한데, 사람들은 감정을 표현하기보다는 특히 부정적인 감정이 생길 때는 그것을 쿠폰을 모으듯이 하나하나 마음속에 쌓아두는 경향이 있습니다.

이것을 어떤 심리학자는 '감정의 쿠폰 모으기'라는 용어로 설명을 합니다.

감정쿠폰을 모아서 무엇을 할까?

 구체적으로 예를 들면 피자 한 판을 시켜먹을 때마다 쿠폰을 한 장씩 받습니다. 그리고 마침내 쿠폰이 10개가 되면 어떻게 되지요? 공짜로 피자 한 판을 받지요.

 이런 논리를 우리의 감정사용패턴에 적용을 한 것입니다. 그러니까 사람들은 평상시에 분노나 우울의 감정 혹은 열등감을 느끼면 그 감정들을 표현하기보다는 마음속에 차곡차곡 쌓아두는 겁니다. 그리고 이 쌓아둔 감정들을 나중에 공짜피자처럼 뭔가로 교환을 하게 되는데, 바로 이것이 문제입니다.

 예를 들면 어떤 분은 우울 쿠폰을 세 개 모았습니다. 다시 말하면 우울한 감정이 느껴질 때마다 참기를 세 번 했다는 겁니다. 그리고는 그것을 무엇과 교환했을까요? 이분은 우울 쿠폰을 음식을 마구 먹어대는 것으로 교환했습니다. 물론 또 다른 사람들은 친구에게 전화를 걸어서 수다를 떨거나 백화점에 가서 물건을 사는 것으로 혹은 영화를 보는 것으로 풀 수도 있겠지요.

 아이들의 경우도 마찬가지입니다. 자기는 공부에 관심이 없는데 부모는 무조건 공부만 하라고 성화입니다. 부모가 공부하라고 재촉할 때마다 괴롭습니다. 하지만 무서운 부모에게 자신의 감정을 표현할 수도 없습니다. 그러다보니 그런 짜증나는 감정의 쿠폰을 하나 둘 모으다가 어떻게 하지요? 사고를 치기도 하고 아예 가출을 해버리는 경우도 있습니다.

심지어는 이런 경우도 있습니다. 우울한 마음을 참고 또 참고 또 참았다가 이 쿠폰들을 무엇과 교환하지요? 네, 맞습니다. 자살로 교환하는 사람도 있지요. 요즘은 이런 사람들이 점점 늘어나고 있는 추세여서 사회적 문제가 되고 있습니다.

마지막으로 우리가 화나는 감정이든 우울의 감정이든 열등감의 감정이든 이들 쿠폰을 모았다가 대부분의 한국 남성들이 공통적으로 교환하는 방법이 있는데, 뭘까요? 네, '술 마시기'입니다.

술을 마시면 어떤 점이 좋으세요? 그동안 쌓아둔 감정들이 해소가 되나요? 대체적으로 술을 마시면 말씀들을 많이 하십니다. 주로 표현하지 못했던 속상했던 감정들에 대해 말씀하시잖아요. 그렇다면 결국 그동안 하지 못했던 감정표현을 술의 힘을 빌려서 한다고 볼 수 있지요.

알코올은 우리의 행동과 감정표출을 억제하는 신경세포들을 다시 억제하는 기능을 합니다. 이 말은 알코올이 마치 흥분제처럼 분위기를 띄우는 역할을 할 수 있다는 것입니다. 그러니까 술을 마시는 것은 알코올의 힘을 빌려서 쌓아둔 나의 감정들을 털어버리는 셈이지요.

이것만 보아도 앞에서 말씀드렸듯이 표현하지 못하고 쌓아둔 감정은 시간이 흐른다고 해서 없어지는 것이 아닐 뿐만 아니라 감정은 에너지이기 때문에 쌓이면 큰 힘이 되어 폭발될 수 있다는 사실입니다.

따라서 평상시에 건강한 방법으로 감정을 표현하며 살아갈 수 있도록 하는 것이 중요한데, 어떻게 하면 좋을까요?

본인 혹은 신뢰할 만한 누군가에게 자신의 감정을 표현하며 풀어내는 것이 가장 좋겠지만 그것이 여의치 못할 때는 운동과 같은 육체적 활동을 통해 감정을 발산하는 것도 효과가 있습니다. 왜냐하면 억압된 감정, 특히 부정적인 감정은 근육을 긴장시켜 감정 에너지가 자유롭게 흐르지 못하도록 방해하는데 운동과 같은 스포츠 활동은 뭉친 근육을 풀어주어 감정 에너지가 자유롭게 흐르도록 해주기 때문입니다.

슬플 때 슬픔을 표현하면 슬픔이 사라집니다. 문제는 슬플 때 슬픔을 표현하지 않고 억압하려고 하기 때문에 생기는 것입니다. 앞의 사례에서 설령 며느리가 거절을 할지언정 시어머니가 자신의 감정을 어떤 식으로든 표현했다면 어깨통증이 올 정도로 그렇게 힘들지는 않았을 것입니다.

11강

노년기 변화에
지혜롭게 대처하려면?

노년기에 몸은 어떻게 변하는가

다음은 호서대학교 설립자 강석규 선생님의 글에서 일부 인용한 것입니다.

> "나는 젊었을 때, 정말 열심히 일했습니다. 그 결과 나는 실력을 인정받았고, 존경을 받았습니다. 그 덕에 65세 때 당당한 은퇴를 할 수 있었죠. 그런 내가 30년 후인 95살 생일 때, 얼마나 후회의 눈물을 흘렸는지 모릅니다.
> 내 65년의 생애는 자랑스럽고 떳떳했지만, 이후 30년의 삶은 부끄럽고 후회되고 비통한 삶이었습니다. 나는 퇴직 후 '이제

다 살았다. 남은 인생은 그냥 덤이다'라는 생각으로 그저 고통 없이 죽기만을 기다렸습니다. 덧없고 희망이 없는 삶… 그런 삶을 무려 30년이나 살았습니다.

그렇습니다. 심리학에서는 발달을 '인간이 태어나서 죽을 때까지의 모든 변화'로 정의하고, 발달의 단계를 영아기, 아동기, 청년기, 성인기, 노년기로 나누는데 특히 노년기는 긴 편입니다. 100세 시대라 불리는 요즘 노년기는 인생의 3분의 1에 해당하지요.

길기도 하지만 노년기는 마치 해야 할 임무를 다 마치고 이제 내 마음대로 쓸 수 있는 시간이 주어진 시기라고도 할 수 있습니다. 그래서인지 최근 연구에 따르면 황혼기에 접어들어 죽음을 생각하는 74세에 해당하는 노년층에서 삶의 행복도가 오히려 가장 높은 것으로 조사됐습니다.

이유인즉 이때의 나이는 사회적 책임감이나 자녀양육의 책임감 혹은 경제력에 대한 부담이 덜하고 취미생활이나 자원봉사 활동을 하면서 이전의 삶에서 맛보지 못했던 자기만족의 시간이 더 많아지기 때문이라고 하는데요, 학자들은 이런 삶을 '성공적인 노년'이라고 정의합니다.

이렇게 행복한 노년이 되기 위해서는 무엇보다도 나 자신을 구체적으로 이해하는 작업이 선행되어야 하는데, 노년기에는 몸의 감각들이 어떻게 변하는지 또 성격에는 어떤 변화가 있는지를 공부하다 보면 나에 대한 이해가 깊어져 나 자신을 잘 돌봐줄 수 있을 뿐만 아니라 관계 속에서도 나를 잘 조절해갈 수 있습니다.

그럼 이제부터 우리 몸의 핵심 요소라 할 수 있는 오감의 변화부터 살펴보도록 하겠습니다.

첫째, 전에는 잘 보이던 것이 잘 보이지 않는 '시각'에서의 변화입니다.

대체로 시각은 40세 이후에는 점진적으로 퇴화현상이 일어나는데요, 60세가 넘어가면 수정체의 색체가 노란색으로 변하는 황화현상 때문에 보라, 남색, 파랑보다는 노랑, 주황, 빨강 계통의 색들을 더 잘 구분할 수 있게 된다고 합니다.

왜 여자들은 나이 들면 젊은 시절이 그리워서 빨강색을 좋아한다고 하잖아요. "그 나이에 주책없게 빨강색을 입으려고 해…"라고 하는 분도 있는데, 사실 어르신들이 빨강색을 선호하는 이유가 젊어 보이고 싶어서 그러시기도 하겠지만 황화현상으로 인해 빨강 계열의 색들이 더 명확하게 들어오니까 빨강색이 더 멋있어 보이기 때문입니다.

또 한 가지 시각의 변화는 60세가 넘으면 20세의 젊은이가 받아들이는 빛의 3분의 1밖에 받아들이지 못한다는 것입니다. 그 이유는 눈을 이루고 있는 구조들이 노화되어 각막이 두꺼워지고 탄력을 잃고 표면이 건조해지고 수정체 안에는 탁한 물질이 생기기 때문입니다. 그래서 사물을 보았을 때 선명하게 보이지 않게 되고 초점거리를 맞추기 어려워져서 가까운 것이 보이지 않는 노안이 생기는 것입니다. 같은 맥락에서 시각신경세포의 기능이 떨어져서 어둠 속에서는 뭔가를 구분하기가 쉽지 않습니다. 그래서 나이가 들면 조명을 밝게 할 필요가 있습니다. 그리고 특히 밤에는 운전을 되도록 하지 않는 것이 좋고요.

둘째 '청각'에서의 변화입니다.

사실 청각은 오감 중에서 가장 먼저 만들어지고 가장 늦게까지 살아 있는 감각입니다. 청각은 자궁에서부터 이미 만들어지기 때문에 좋은 음악을 들려주며 태교를 하기도 합니다. 그리고 임종을 한 후 30초까지는 청각이 살아 있다는 이야기도 있습니다. 그래서 누군가의 임종 앞에서 우리는 '사랑한다', '고맙다'와 같은 말을 귀에다 대고 하는 것입니다.

하지만 '보청기'='노인'이라는 등식이 성립되듯이 70세 이후에는 청각이 급격히 저하되는 것이 보편적인 현상입니다. 그렇기 때문에 나이 들면 조용한 환경을 좋아하고 또 방해 자극이 있을 때는 일을 잘 수행하지 못하는 것도 청력감퇴와 관련이 있다고 할 수 있겠죠.

특별히 낮은 소리보다 고음영역이 잘 안 들리기 때문에 고음의 소리보다는 목소리를 낮게 깔고 말할 때 더 잘 들을 수 있습니다. 또 복잡하고 다양한 소리들에서 내가 듣고자 하는 것만을 가려서 듣는 것이 힘들어집니다. 예를 들면 내가 텔레비전을 보고 있는데 주변에서 사람들이 떠들면 젊었을 때와는 달리 텔레비전의 뉴스 소리를 잘 들을 수 없다는 것입니다. 원인은 소리를 모아주는 고막의 탄력이 떨어져서 소리를 모아주지 못하기 때문인데, 이를 '노인성 난청'이라고 하지요. 그리고 아무래도 젊은 시절 시끄러운 소리가 많이 나는 환경에서 일을 하신 남자 어르신들의 청력이 나이 들어 더 떨어지는 경향이 있습니다.

이처럼 청력이 감소되면 다른 사람들이 하는 얘기들을 잘 알아들을 수가 없어서 본인이 가장 답답함을 느끼지요. 잘 듣지 못하는 자신이 바보같이 느껴지기도 하고요. 그러다보니 의사소통에 어려움을 느껴서 인간관계가 축소될 뿐만 아니라 외로움이나 우울감을 느낄 수 있습니다.

셋째로 우리가 만졌을 때의 감각인 '촉각'에서의 변화입니다.

나이가 들면 땀샘과 피부 모세혈관의 기능이 감소됩니다. 이 말은 체온조절이 잘 안 된다는 뜻이겠지요. 그래서 봄이 와서 남들은 다 반팔을 입어도 조금은 따뜻하게 입는 게 좋다는 말을 하는 것 같습니다.

이 강의를 준비하면서 우리 선조들은 참으로 지혜로웠다는 생각이 들었습니다. 그러니까 옛날에는 방바닥이 탈 정도로 아궁이에 불을 때고 살았잖아요. 불 한번 때면 절절 끓지요. 그래서 불을 때면 자녀(효자)가 방바닥을 이렇게 만져보고 이불 두께를 조절해서 부모님 이불을 펴드리곤 했는데, 그 이유가 바로 연세가 들면 체온조절이 쉽지 않고 뜨거운 것과 차가운 것을 느끼는 감각이 예민하지 않아서 그랬던 것 같습니다.

노년기가 되면 여러 가지 상실을 겪게 됩니다.
일단 가까운 배우자나 가족, 친구의 사망을 통
한 인간관계의 상실, 경제능력의 약화로 인한
소득부문에서의 상실 그리고 당연히 나이가 들
어감에 따라 건강을 유지하기가 어려워지겠죠.

넷째 '미각'과 '후각'에서의 변화입니다.

미각과 관련하여 에피소드를 하나 소개하겠습니다. 추석 때 온가족이 모였습니다. 집에서 소갈비 냄새가 후각을 자극합니다. 매년 돼지갈비를 준비하셨던 할머니가 오랜만에 큰 맘 먹고 소갈비찜을 준비하셨습니다.

그런데 자녀들을 비롯하여 손자손녀가 소갈비를 몇 조각씩밖에 먹지를 않았습니다. 왜 그랬을까요? 맞추어보세요. 소갈비찜이 너무 짰습니다. 소갈비찜이 소갈비 장조림이 된 것입니다. 간장을 많이 넣으셨습니다. 반면에 설탕은 몸에 좋지 않다며 조금 넣으셨고요.

이렇듯 나이가 들면 미각이 둔해지면서 짠맛을 잘 느끼지 못하는데, 여기에는 침의 감소도 한몫하게 되지요. 다시 말해 침은 음식을 충분히 용해시키고 작게 만들어 단맛, 신맛, 짠맛 등을 감지하도록 하는데, 나이가 들면 여성호르몬의 변화로 점점 침이 마르고 결국에는 미각에 문제가 생깁니다.

그러다보니 뭘 먹어도 맛이 없어서 잘 안 먹게 되는데 그럴수록 영양이 결핍될 수 있다는 사실을 기억하고 잘 챙겨드셔야 합니다.

후각은 특별히 우리의 생명을 보호하는 기능과 관련이 됩니다. 이를테면 냄새를 맡았을 때 역겹다든지 불쾌할 때는 상한 음식일 가능성이 높습니다. 그리고 이 후각의 기능은 비교적 아주 늦게까지 남아 있게 되지요.

유연하고 사랑 많은 노인이 되고 싶다

이런 오감의 변화와 더불어 나이가 들면 "사람이 많이 달라졌다"는 평가를 듣습니다. 어떤 자녀는 "저희 아버지는 젊은 시절 가족을 위해 희생하시고 오직 가족들 챙기는 것만 하셨는데, 요즘은 고집도 세지고 가정형편은 아랑곳하지 않고 사달라는 것도 많으시고 자기밖에 모르는 사람으로 변하신 것 같다"고 합니다.

반대로 "젊었을 때는 매사에 공격적이고 이기적이셨는데 나이 들더니 온화해지시고 배려하며 양보하는 성향으로 바뀌었다"고 말하기도 하지요.

또 다른 경우는 "어머니가 젊어서는 쾌활하고 매사에 적극적이며 긍정적이셨는데 요즘은 말수도 적어지고 바깥출입도 줄어들고 마치 우울증 환자처럼 보인다"고 합니다.

이렇듯 나이를 먹으면서 많은 사람들이 성격의 변화를 겪게 되는데, 성격이론을 보면 성격은 우리가 평생에 걸쳐서 일관되게 안정적으로 유지되는 부분도 있고 또 변화되는 부분도 있습니다.

특별히 나이가 들면서 어떤 공통적인 성격의 변화들이 나타나게 되는데, 일반적으로 노년기에 나타날 수 있는 몇 가지 성격 특성들을 살펴보겠습니다.

첫째, 우울감이 커집니다.

노년기가 되면 여러 가지 상실을 겪게 됩니다. 일단 가까운 배우자나 가족, 친구의 사망을 통한 인간관계의 상실, 경제능력의 약화로 인한 소득 부문에서의 상실 그리고 당연히 나이가 들어감에 따라 건강을 유지하기가 어려워지겠죠.

이런 일들을 겪다보면 우울한 경향이 늘어나는데요, 여자어르신들의 경우 갱년기 이후에는 여성 호르몬의 분비가 남자어르신들보다 급속하게 줄기 때문이며, 우리의 기분을 즐겁게 해주는 세로토닌 같은 신경전달물질의 분비감소가 주요 원인으로 보입니다.

둘째, 내향성과 수동성이 증가하게 됩니다.

이 말은 나이가 들면 아무래도 사회활동의 범위가 좁아지기도 하지만 외부활동을 통해 뭔가를 얻으려고 하기보다는 에너지를 자기 내부로 돌려 자신을 살피고 관찰하고 경험을 해석하려는 경향이 커진다는 말입니다. 또 문제를 해결하는 방식에 있어서도 자신의 힘을 믿는다기보다는 신비한 어떤 것(종교의 힘이나 우연의 힘)을 더 믿는 경향이 있는데, 이것은 나에게는 더 이상 세상을 바꿀 수 있는 힘이 없다고 느끼기도 하고 또 내 힘으로 해결할 수 없는 것들이 많이 있다는 것을 살아오면서 수없이 느꼈기 때문입니다.

그리고 모든 기능들이 감퇴해 심리적 에너지가 줄어들고, 어떤 갈등상태에 맞닥뜨리면 논리적으로 따지기보다는 그냥 받아들이는 정서적 대처를 하게 되지요. 그러다보니 수동성이 증가하게 되는데, 그래서 집안 대소사의 문제를 자녀들, 특히 자신에게 제일 잘한다고 생각되는 자녀와 의논을 하게 되고 그런 일이 돈과 관련되는 일일 경우 자녀들의 오해를 사서 자녀들 간의 분쟁이나 싸움으로 이어지는 경우를 종종 볼 수 있습니다.

셋째, 성역할에서도 변화가 일어나지요.

다시 말해 나이가 들면 양성화된다고 할 수 있는데, 지금까지 자기에게 억제되었던 성 역할에서 변화가 일어난다는 말입니다. 그래서 남자어르신에게서는 여성적인 특성인 친밀감이 증가하고 가족들에 대한 배려, 그리고 손자손녀에 대한 양육 동기까지 생기는 것 같습니다.

반대로 여자어르신들은 남성화되는 경향이 있지요. 그러다 보니 권위적이 되거나 공격성도 증가하는 것 같습니다. 그 결과 나이가 들수록 남자어르신들이 여자어르신들을 더 적극적으로 의지하는 현상이 두드러지게 됩니다. 부모님 중에서 어머니가 먼저 돌아가셔서 아버지가 혼자 생활을 하셔야 할 때 자녀들이 걱정하는 것이 바로 이런 이유 때문이기도 합니다.

넷째, 경직성이 증가합니다.

흔히들 "노인이 되면 고집이 세진다"는 말은 노년기에 나타나는 경직성을 두고 한 말인데요, 경직성이란 어떤 태도를 취하거나 문제해결을 할 때에 그 방법이나 행동이 옳지 않거나 이득이 없을 수도 있는데 그것을 지금까지 자기가 해오던 방법이라는 이유만으로 그대로 고수하려고 하는 것을 말합니다.

예컨대 명절에 만두를 빚을 때도 나이도 있고 힘이 드시니까 만두피를 사다가 하셔도 되는데, 자신이 직접 만두피 반죽을 하는 분들이 계시지요. 또 옷에 풀을 먹일 때도 새로 개발된 스프레이식의 풀이 생산되어 편리한데도 밀가루 풀을 만들어서 옷에 풀을 먹이려고 하는 것도 경직성의 한 예라 할 수 있겠습니다.

경직성은 경직된 사고를 갖는 것으로도 많이 나타나는데 이를테면 결혼하면 돈 벌어서 먼저 집을 마련하라고 강요한다든가 직업으로는 공무원이 최고라며 손자손녀에게 공무원이 되기를 강요하는 것들도 주변에서 흔히 볼 수 있습니다.

마지막으로 친근한 사물에 대한 애착심이 나타나게 됩니다.

어르신들을 보면 자기가 오랫동안 사용했던 물건들을 잘 안 버리시려고 하지요. 그러다보니 친숙한 물건에 대한 애착심이 커지는데, 그 이유는 젊은 시절 정서적으로 많은 투자를 했던, 자신의 정체감과 관련이 있는 물건이기 때문입니다. 때론 그 물건을 통해 자신의 과거를 회상하고 또 마음의 안락을 찾기도 하지요.

지금까지 이야기한 것들이 노년기에 나타날 수 있는 보편적인 성격변화이기는 하지만 개인차가 분명히 있다는 것을 말씀드리면서 강의를 마치겠습니다.

12강

죽음을 앞두고
감정은 어떻게 변하는가?

메멘토 모리, 죽음을 기억하라

살아오면서 어떤 일을 겪을 때 가장 힘드셨나요? 다시 말해 가장 스트레스를 받았던 일은 무엇이었습니까?

스트레스 연구의 세계적 권위자인 홀메스와 라헤 박사의 연구에 의하면 인간이 겪는 일 가운데 스트레스가 가장 높은 것은 '배우자의 죽음'입니다. 그리고 한국에서의 연구결과를 봐도 거의 같습니다.

'죽음'이란 단어를 떠올리면 어떤 생각이 드시나요? "이 좋은 날 그런 얘기를 뭐하러 해. 때 되면 어차피 갈 텐데"라는 생각이 드는 분도 있고 "그래, 나는 이미 다 정리했고 마음도 편안해"라고 하는 분도 있을 겁니다.

사실 '죽음'이란 단어가 주는 분위기는 무섭습니다. 아니 무섭기까지 합니다. 그래서 죽을 사(死)와 동음어인 넉 사(四)까지 피하려고 애를 쓰는 것 같습니다. 하지만 누구나 언젠가는 죽습니다. 아기가 엄마의 자궁 속이 아무리 좋아도 열 달이 되면 세상 밖으로 나와야 하듯이 우리 모두는 언젠가는 이 세상을 떠납니다. 천년만년 살 수가 없지요.

그렇다면 제가 한 번 묻겠습니다. "죽을 준비는 되셨습니까?"

아무도 대답을 하는 분이 없네요. 갑작스런 질문에 놀라신 것 같습니다. 하지만 이러한 질문을 통해 어떤 누구도 피할 수 없는 죽음, 특히 노년기에는 더더욱 언제 맞이하게 될지 모르는 죽음에 대해 진지하게 생각해보는 시간을 갖는 것이 필요하다고 생각합니다.

이번 강의 소제목을 '메멘토 모리-죽음을 기억하라!'고 정했는데요, '메멘토 모리'는 죽음을 기억하라는 뜻의 라틴어입니다. 우리 인생은 유한하고 모든 것은 곧 사라지는데 승리의 영광에 너무 도취되지 말고 겸손하게 살라는 옛 로마인들의 지혜를 엿볼 수 있는 말이지요.

애플 컴퓨터의 창업자이며 최고 경영자인 스티브 잡스는 2005년 스탠퍼드 대학의 졸업식 축사에서 축사의 3분의 1을 죽음에 대한 이야기에 할애해 화제가 되었습니다. 그는 17살 때 하루하루가 인생의 마지막 날인 것처럼 산다면 언젠가는 바른

2부. '감정'을 잘 다스리는 법

길에 서 있을 것이라는 글에 감명을 받은 후 지금까지 매일아침 거울을 보면서 자신에게 "오늘이 내 인생의 마지막 날이라면 지금 하려고 하는 일을 정말 할 것인가?"라고 물었다고 합니다.

우리가 죽음을 기억하며 살 때 오는 유익은 현재를 사는 나의 태도를 바꾸어 오늘을 더욱 잘살 수 있도록 도와줍니다.

하지만 우리나라처럼 죽음에 대한 얘기를 기피하는 나라도 없을 것입니다. 그러다 보니 죽음에 대해 막연히 느끼는 불안감은 더 커지게 되지요. 그래서 죽음에 대해 한번 터놓고 얘기하는 시간을 가지려고 합니다.

심리학적으로 볼 때 우리가 두려워하는 것은 죽음 그 자체라기보다는 죽어가면서 느끼는 여러 공포들이라고 할 수 있는데, 이에 대해 평생을 연구한 심리학자가 바로 엘리자베스 퀴블러로스 여사입니다.

1960년대 초반 미국의 병원들에서 살 가망이 없는 환자들은 방치되기 일쑤였다고 합니다. 이런 환자들은 약을 먹으면 좋아질 것이라는 상투적인 말만을 들을 수 있었죠. 퀴블러 로스 여사는 환자들이 이렇게 무성의하게 대우받는 것을 보고 평생 죽음에 관해 연구해야겠다는 결심을 하게 됩니다. 그리고 이런 연구는 말기 암 환자들이 죽음을 의미 있고 평안히 맞이할 수 있도록 하는 호스피스 운동에도 큰 영향을 주었습니다.

죽음을 받아들이는 5단계

특히 1968년 『죽음과 죽어감』이라는 책을 통해 죽음의 과정이 5단계의 감정변화를 거쳐서 이루어진다는 이론을 발표했는데요, 이 이론은 말기 암 환자들을 대상으로 진단에서부터 임종에 이르기까지의 감정변화를 다루고 있습니다. 현재 당장은 암 환자가 아니더라도 우리 생활에도 적용될 수 있다고 생각되어 함께 나누고자 합니다.

죽음의 과정은 '부정-분노-타협-우울-수용' 이렇게 5단계의 감정변화를 거칩니다.

1단계: 부정(Denial)의 단계

부정은 사람들이 자신의 병이 치유될 수 없는 것임을 알게 될 때 나타나는 현상입니다. 그러니까 "이제 죽음이 1년밖에 안 남았구나. 혹은 6개월 밖에 안 남았구나"라고 인식하게 되면 사람들의 심리는 어떨까요? "아냐, 내가 그럴 리가 없어. 선생님! 제가 왜 위암입니까? 제가 식사 조절을 하느라 평생 얼마나 애를 썼는지 아세요?" 하면서 진단이 잘못 내려졌다는 생각으로 이 병원 저 병원 다니며 검사를 반복하는 경우를 가끔 보지요. 이런 식으로 죽음을 부정하게 된다는 거예요.

평상시에 죽음에 대해 생각해보지 않았던 사람일수록 죽음과 마주하게 되었을 때 우선은 부정함으로써 자신이 죽는다는 생

2부. '감정'을 잘 다스리는 법

'메멘토 모리'는 죽음을 기억하라는 뜻의 라틴
어입니다. 우리 인생은 유한하고 모든 것은 곧
사라지는데 승리의 영광에 너무 도취되지 말고
겸손하게 살라는 옛 로마인들의 지혜를 엿볼
수 있는 말이지요.

각을 지워버리고 아무 일도 없었던 이전의 삶으로 돌아가려고 발버둥치지요.

예컨대 죽음이란 단어를 언급하기를 꺼리기도 하고 자신의 병에 대해 얘기를 할 때도 남의 이야기를 하듯 하지요. 심한 경우에는 병이 없어질 거라 믿으며 치료를 거부하기도 합니다.

그렇다면 이렇게 죽음을 부정할 때 옆에서 어떻게 도와주면 좋을까요?

제정신을 차려서 현실을 알아차리도록 "여기는 우리나라 최고의 대학병원이야. 이거 진단이 맞아"라고 너무 조급하게 말하는 것은 아무런 도움이 되지 못합니다. 먼저 환자가 부정의 단계에 있다는 것을 알아차린 다음 환자가 충분히 자신의 병을 부정할 수 있도록 느긋한 마음으로 들어주면서 기다리는 것이 좋습니다. 그러다보면 자신의 죽음에 대해 직면할 수 있는 분위기가 만들어질 수 있습니다.

2단계: 분노(Anger)의 단계

날마다 자신이 죽는다는 사실을 아무리 부정해도 자신의 죽음이 엄연한 사실임을 인식하는 때가 오고야 말겠지요. 이때는 "많고 많은 사람 중에 하필이면 왜 나야? 100살이 넘게 사는 사람도 있는데 50이란 나이에 암이라… 이건 말도 안 돼. 지금까지 다른 사람들만을 위해 살아왔어. 이제 나를 위해 여행도 가고 취미생활도 하면서 살려고 했는데 이게 웬 날벼락이야" 하면서 가족이

나 의사, 심지어는 신에게까지 분노를 표출하게 됩니다.

이때에도 부정의 단계 때와 마찬가지의 반응을 보여주면 됩니다. "분노하지 마, 자네보다 더 어린 나이에 이 세상을 떠나는 사람도 많아"라고 말하는 것은 오히려 분노를 더 불러일으킬 수 있겠죠.

이때 필요한 것은 환자가 분노를 충분히 표현할 수 있도록 옆에서 들어주는 것이 좋습니다. 왜냐하면 우리가 앞 강의에서 감정은 에너지로 표현되지 않으면 사라지지 않는다는 것을 배운 것처럼, 분노를 충분히 표현하지 않으면 점점 더 큰 분노로 바뀌거나 아니면 그 분노가 마침내는 슬픔의 감정으로 바뀔 수 있기 때문입니다.

3단계: 타협(Bargaining)의 단계

대개 초월적인 존재인 신과의 사이에서 타협이 이루어지는데, 이 기간은 다른 단계보다 비교적 짧을 뿐만 아니라 일방적입니다. 그러니까 신을 믿는 사람이든 믿지 않는 사람이든 간에 "네, 받아들이겠습니다. 그런데 우리 막내가 지금 고3이잖아요. 이 애 대학갈 때까지만이라도 살고 싶습니다." 이런 식으로 초월적인 존재인 신과 타협을 하려고 합니다.

4단계: 우울(Depression)의 단계

이제 신이 듣던 안 듣던 간에 신에게 나의 마음도 전달했습니다. 하지만 몸은 점점 좋아질 기미를 보이지 않습니다. 또 세상은 나와 상관이 없다는 식으로 잘 굴러만 갑니다. 나는 죽을 것 같이 아픈데 아침이면 태양은 어김없이 떠오르고 사람들은 자신의 할 일을 찾아 분주히 움직입니다. 이렇듯 나의 죽음이 기정사실화되면서 오는 감정이 바로 우울입니다.

이때도 성급하게 위로의 말을 하는 것보다 그저 들어주고 옆에 함께 있어주는 것이 좋습니다. 이 우울의 단계에서 환자는 대화를 하려고 하기보다 오히려 혼자 조용히 있으려 하고 때로는 눈물을 흘리며 울기도 하지요.

5단계: 수용(Acceptance)의 단계

우울의 단계를 거치면 이제 죽음을 수용하게 됩니다. 이런 경험에 비유하면 좀 이해가 쉬울 것 같습니다. 우리가 자녀를 정말 열심히 뒷바라지했는데 대학에 떨어졌습니다. 자녀에게 용기를 주어 재수를 하게 했는데도 떨어졌습니다. 마지막이라며 삼수를 시켰습니다. 또 떨어졌습니다. 그럼 보통 나의 기대를 내려놓고 이제 자녀를 있는 그대로 받아들이게 되는데, 이런 모습을 흔히 수용의 단계에서 볼 수 있습니다.

이때는 주로 혼자 있고 싶어하고 세상 돌아가는 일들에 대해서도 딱히 관심을 보이지 않게 됩니다. 다시 말해 관심의 세계가 점점 좁아진다고 할 수 있지요. 그러다보니 문병객이 와도 달갑지 않고 옆에서 돌봐주는 사람과도 언어로 의사소통을 하기보다 무언의 대화를 나누게 되지요.

어떠세요? 죽어가는 과정에서 나타나는 감정의 변화들에 대해 공부하고 나니 앞으로 살아갈 날들에 대한 지혜를 좀 얻게 되셨는지요? 맞습니다. 지금 살아서 숨 쉬고 있다는 것 자체만으로도 감사하게 되지요. 남과 비교하며 남의 눈치를 보기보다는 나 자신의 인생을 살아야겠다는 마음도 들고요. 뿐만 아니라 내 주변에 있는 사람들을 사랑하며 살아야겠다는 다짐도 하지요. 어쨌든 메멘토 모리, 우리가 죽음을 기억할 때 우리는 오늘의 삶을 더 풍요롭게 살 수 있습니다.

지금까지는 죽음이 찾아왔을 때 겪게 되는 심리적인 변화들에 대해 살펴봤는데, 육체적인 죽음과 관련하여 알아둬야 할 것들이 또 있습니다.

살아가다보면 누군가가 심장마비나 혹은 다른 문제로 유언도 남기지 못한 채 갑자기 이 세상을 떠났다는 소식을 듣곤 합니다. 반면에 이렇게 죽음을 맞이하는 분도 있습니다. 이를테면 대장암에 걸려서 시한부 인생 1년을 선고 받았습니다. 짧다면 짧은 기간이었지만 이분은 가족과 이별에 대해 충분히 이야기를 나누고 가보고 싶었던 곳으로 여행도 가고 친구들도 만나서 하고 싶었던 얘기들도 맘껏 하며 이 세상에서의 삶을 하나씩 정리해 나갔습니다.

그렇습니다. 우리가 죽음을 기억하며 매일 마음을 새롭게 해야겠지만 더불어 '유언장을 작성'한다든지 '사전의료의향서'를 작성해두는 것이 필요합니다. 물론 유언이라 함은 죽음이 임박해서 남기는 말이지만 갑자기 이 세상을 떠나게 될 수도 있으니 유언장을 미리 써두는 것이 좋다고 생각됩니다.

예컨대 남겨질 가족들에게 하고 싶은 당부의 말과 더불어 애정과 감사를 유언장에 표현할 수 있겠지요. 또 법정상속이 아니라 유언상속을 함으로써 남길 재산이 많건 적건 간에 내가 소유했던 것을 내가 원하는 방식으로 처리하고 가면 좋지 않을까요?

유언장과 더불어 임종 직전과 관련된 유언이라고 할 수 있는 '사전의료의향서'도 작성하면 좋겠습니다. '사전의료의향서'란 자신이 의식을 잃고 더 이상 치료가 생명을 연장하는 데 효과가 없다는 판단이 내려질 때 어떻게 할지에 대해 본인의 의사를 밝히는 문서입니다.

결국 이 두 가지는 품위 있고 존엄한 죽음을 맞이하기 위해 필요한 것으로 우리의 삶은 웰다잉(well dying)─준비된 죽음, 아름다운 죽음─이 이루어질 때 비로소 웰빙(well being)─잘 살아온 삶─으로 기억될 것입니다.

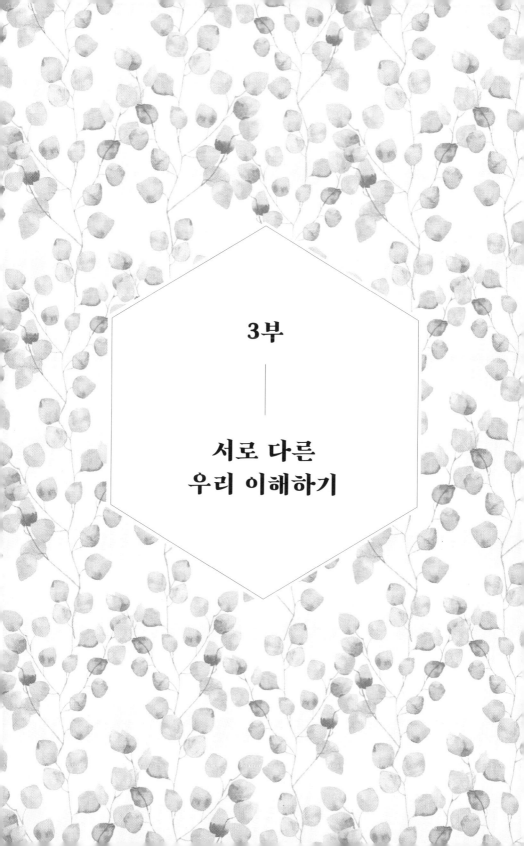

3부

—

서로 다른
우리 이해하기

13강

꿰꿰

치매에 걸리기
쉬운 유형은?

치매 속도를 조금이라도 늦추려면

나이 들어갈수록 사람들이 가장 무서워하는 병은 뭘까요?

바로 우리가 예전에는 '노망'이라고 불렀던 치매입니다. 물론 다른 질병들도 감당하기 어렵겠지만 치매만큼은 특히 더 걸리고 싶지 않다고들 하지요. 2012년 조사에 의하면 65세 이상 노인의 치매 유병률은 9.18%이었고 이로 인한 사회적 부담감이 점점 커지고 있어서 각 복지관마다 치매예방에 초점을 둔 프로그램들이 늘어나고 있는 추세입니다.

사실 나이가 들면 누구나 깜박깜박하는 일이 잦은데 이런 자연스런 기억감퇴와는 달리 현대의학에서는 치매를 질병으로 봅니다.

다시 말해 보통 뇌에서 기억력을 담당하는 곳은 해마인데, 이 부근에서 아세틸콜린이라는 신경전달물질이 분비되지 않을 때 치매에 걸렸다고 합니다. 그러니까 결국 치매는 뇌 손상으로 기억력의 감퇴뿐 아니라 사고능력이나 이해력, 판단력 등 복합적인 장애가 나타나서 일상생활을 제대로 할 수 없는 상태를 말하지요.

이를테면 물건을 엉뚱한 곳에 놓아두고는 다른 사람이 가져가버렸다고 생각하거나 약을 먹어야 하는데 먹었는지 안 먹었는지 전혀 기억이 나질 않는 경우를 말합니다. 자신이 사는 동네처럼 아주 낯익은 환경임에도 불구하고 길을 잃어버릴 때도 있고요. 심하면 요일, 날짜, 몇 월인지를 잊거나 하루에도 몇 번씩 확인을 해야 하기도 합니다. 또 가족이나 친구의 이름을 혼동하거나 아예 가족이나 친구를 못 알아보는 경우도 있습니다.

우리가 흔히 말하는 건망증과 치매는 확실히 다르다고 할 수 있는데, 만나기로 약속한 날 친구가 나타나지 않아서 전화로 "왜 안 왔냐?"고 물었을 때 "아차, 깜박했어"라고 하면 건망증이고 "우리가 언제 약속했어?"라고 말하면 치매라고 할 수 있습니다.

그러니까 건망증의 경우에는 저장된 내용을 인출하는 데 어려움이 있는 반면, 치매의 경우에는 내용을 머릿속에 저장하는 단계부터 문제가 있는 것입니다. 그러다보니 나중에는 아내를 보고 엄마라고 부르는 상황까지 벌어지게 됩니다.

여기까지만 들으셔도 여러분들 머릿속에서는 "도대체 치매는 왜 걸리나?"부터 시작해서 "그럼 어떻게 해야 치매를 예방할수 있을까?" 혹은 가족 중에 누군가가 치매로 진단이 나왔다면 "어떻게 해야 치매 속도를 좀 늦출 수 있을까?" 하는 질문들이 연이어 떠오르실 겁니다.

그래서 이제부터 이런 질문에 대해 답이 될 수 있는 것들을 중심으로 말씀드리도록 하겠습니다.

한마디로 치매는 감정의 억압과 밀접한 관련이 있습니다. 이것과 관련하여 잠깐 책 이야기를 하겠습니다. 2015년 가을 박범신 작가가 69세의 나이로 치매소설인 『당신』을 출간했는데, 치매를 앓다가 돌아가신 장인어른의 모습을 보고 소설을 구상했다고 합니다.

이 소설에서 주호백은 어릴 적부터 윤희옥을 사랑했지만 윤희옥은 김가인이라는 남자에게 마음을 빼앗깁니다. 1964년 윤희옥이 임신을 하지만 아기 아버지 김가인은 정권에 저항을 했다는 이유로 경찰에 잡혀가 생사를 알 수 없게 됩니다. 처녀가 아이를 가졌다는 것이 끔찍한 수치였던 시절에 윤희옥을 구원해준 사람은 주호백이었고 그렇게 둘이는 수십 년을 함께 살았습니다.

그런데 주호백이 치매에 걸리고 말았습니다. 이때부터 문제가 시작됩니다. 그러니까 평생을 아내에게 헌신했던 주호백은 치매에 걸린 후 아내에게 요구가 많아지면서 점점 다른 사람으로 변해갑니다. 다시 말해 치매에 걸린 후 주호백은 평생 동안 억눌러두었던 자기 감정을 무자비할 정도로 쏟아냅니다.

그렇습니다. 임상장면에서는 감정억압이 치매로 이어지는 경우를 쉽게 찾아볼 수 있습니다. 제가 복지관 데이케어센터에서 실습을 할 때였습니다. 한 여자어르신이 어떤 남자어르신만 졸졸 따라다니셨습니다. 식사시간이 되면 그곳에서 청일점이었던 남자어르신에게 물을 떠다 주고 옆에서 생선뼈를 발라드리더군요. 부부도 아닌데 말입니다.

그 여자어르신이 그렇게 행동하는 데는 사연이 있었습니다. 얼굴 한 번 보고 결혼을 했는데 며칠 지나지 않아 6·25전쟁으로 남편이 전쟁터로 갔고 마침내는 전사했습니다.

이 여자어르신이라고 왜 연애 감정이 없었겠습니까? 당연히 성적인 욕구도 있었겠지요. 배곯던 시절 시어머니 모시고 자식 뒷바라지 하느라 그런 감정 표현 한 번 못하고 살아왔는데, 치매에 걸린 후 데이케어센터에서 남자어르신을 애인 대하듯 하시면서 매사에 챙겨드리는 겁니다. 이처럼 어떤 감정에 대한 억압이 심하면 그것이 훗날 치매로 나타날 수 있습니다.

몸에 때가 끼듯 감정도 쌓여갈 때

이런 분도 있었습니다. 이분은 요양원에서 생활을 하는데 간식이 문제입니다. 고구마든 떡이든 간식만 드리면 어느새 옷장 속에 숨기십니다. 지금은 어디에서 살고 있는지도 모르는 그 아들 오면 준다면서요.

이 어르신은 결혼하고 얼마 되지 않아서 남편이 죽었고 다시 시집을 가게 됐는데 시댁에 돌도 되지 않은 자식을 두고 왔습니다. 그 두고 온 아들이 눈에 밟혀 평생을 죄인처럼 지냈습니다. 이런 아픈 마음을 그동안 살아오면서 누군가에게 표현하셨더라면 이렇게까지 되지는 않았을지도 모릅니다.

얼마 전 알츠하이머학회는 조사결과를 바탕으로 병세가 악화되더라도 치매환자들은 여전히 '감정적 기억'을 간직한다고 발표하였습니다. 이 말은 치매가 감정억압과 밀접한 관련이 있다는 것을 말해줄 뿐만 아니라 치매환자가 가족이 방문했던 사실은 잊어버릴지라도 가족이 방문하여 생긴 행복한 감정은 잊지 않고 계속 유지된다는 것을 말해줍니다. 그러니까 치매에 걸렸어도 자신이 사랑받고 있음을 느낄 수 있다는 것입니다.

그렇다면 도대체 감정이 뭐기에 치매에 걸리게 할 정도로 큰 힘을 발휘하는지 궁금하시지요?

감정이란 어떤 사건이나 경험의 결과로 생기는 몸의 반응이며 마음상태입니다. 따라서 우리는 매순간 어떤 감정을 느낄 수밖에 없고 세월이 흐를수록 몸에 때가 끼듯 감정도 쌓여갈 수밖에 없겠지요.

하지만 감정은 본질상 말로 표현하면 사라지고 또 줄어든다는

건망증의 경우에는 저장된 내용을 인출하는 데
어려움이 있는 반면, 치매의 경우에는 내용을
머릿속에 저장하는 단계부터 문제가 있는 것입
니다. 그러다보니 나중에는 아내를 보고 엄마라
고 부르는 상황까지 벌어지게 되는 것입니다.

겁니다. 누구나 이런 경험을 한 적이 있을 것입니다. 분노해서 손이 덜덜 떨리고 소리치고 싶을 정도의 감정이 올라왔다 할지라도 "당신이 그런 식으로 나를 무시하니까 내가 개만도 못한 취급을 당하는 것 같아서 화가 나!"라고 표현을 하게 되면 어떠세요? 감정이 좀 누그러지기도 하고 쭉 빠져나가는 것을 느낀 적도 있으실 겁니다.

그렇기 때문에 우리가 감정을 표현하며 사는 것은 너무나 자연스러운 일인데, 이런저런 이유로 감정을 억누르다보니까 이제는 참는 것이 더 자연스럽게 느껴질 뿐만 아니라 그것이 옳다고까지 여기시는 것 같습니다.

하지만 '감정을 억누르다'에서 '억누르다'에는 '생매장하다'라는 뜻이 담겨 있지요. 그러니까 여러분이 워낙 습관이 되어서 감정을 드러내지 않고 잘 참으시지만, 사실 감정을 참는 것은 사람을 생매장하는 것처럼 힘든 일이라고 할 수 있습니다.

남편들은 혹 지금이라도 아내들이 과거 얘기를 뜬금없이 할때 "또 시작이다"라고 하기보다는 좀 들어주시면서 우리가 예전에 배운 대로 "그랬구나!"라고 공감의 말 한마디만 해주시면 아내의 마음속에 쌓여 있는 묵은 감정들이 조금씩 풀어지는 모습을 볼 수 있을 것입니다.

왜 나이가 들면 말이 많아질까요? 마음속에 쌓인 감정이 너무 많은데 터놓고 얘기를 못 했으니까 그냥 쓸데없는 잔소리라도 하면서 속에 있는 감정을 조금씩 빼내기 때문입니다.

여기까지만 들으셔도 앞으로 어떻게 해야 치매예방이 될지에 대해 모두들 이해하셨으리라 생각이 됩니다. 감정을 표현하며 사는 것이 무엇보다도 중요합니다.

제가 앞에서 각 복지관마다 치매예방에 초점을 둔 프로그램이 늘어나고 있다고 말씀드렸는데요, 사실 음악치료나 미술치료 같은 프로그램도 마음속에 억눌려 있는 감정을 음악이나 미술이라는 매개체를 이용해 풀어내는 것이라고 할 수 있습니다.

예를 들면 "달달 무슨 달 쟁반같이 둥근 달 어디어디 떴나 남산 위에 떴지"라는 노래가 있습니다. 음악치료에서는 이 노래를 부른 후에 음악치료사가 어르신들 한 사람 한 사람에게 질문을 던집니다.

음악치료사:	○○○어르신에게는 어떤 달이 뜨길 바라세요?
○○○어르신:	아주아주 큰 달이요.
음악치료사:	그럼 그 달은 어디에 뜨면 좋을까요?
○○○어르신:	내 방 창문 앞에요.
음악치료사:	아~하 그렇군요. 그럼 우리 어르신은 그 큰 달을 보고 무슨 소원을 빌고 싶으세요?
○○○어르신:	달아 달아 나 치매 걸리지 않게 해다오.
어르신들 모두:	노래를 불러준다.
	달달 무슨 달 아주아주 큰 달

어디 어디 떴나 내 방 창문 앞에 떴지!

이렇듯 노래를 부르며 나의 이야기를 하면 더불어 내 감정도
표현이 되겠지요.

내 묵은 감정 풀어내기

치매 예방을 위한 좀 더 적극적인 방법으로는 이런 것도 좋겠
지요. 쉰다섯쯤 된 여자분이 감정억압과 관련된 저의 강의를 듣
고 나서 결혼식을 한 달 정도 남겨둔 딸에게 이런 말을 했답니
다. "이제 결혼하면 집을 떠나게 될 텐데. 딸아! 그동안 엄마하
고 살면서 서운했던 것 있으면 말해봐. 다 풀고 가야지."

이분은 자신이 아이들을 잘 키웠고 서로 관계가 좋다고 생각
을 했기 때문에 딸이 엄마에게 가진 서운한 감정은 없으리라 확
신을 했지만, 자신도 모르게 "혹 지금 말하기가 그러면 글로 써
서 줘도 괜찮아"라고 했답니다.

다음 날 아침 식사를 준비하려고 하는데 식탁에 딸이 쓴 편지
가 놓여 있더랍니다. 그리고 딸은 일찌감치 출근을 해버린 상태
였습니다. 엄마는 떨리는 마음으로 딸의 편지를 읽어 내려갔습
니다.

"엄마, 나 초등학교 3학년이었을 때 내 생일날 신세계 백화점

앞에서 엄마랑 아빠랑 싸워서 선물도 못 사고 집에 돌아와 너무 속상했어"라는 말로 시작해서 엄마는 기억하지도 못하고 또 그게 마음의 상처가 되었으리라고는 전혀 생각지도 못했던 일들을 딸이 지금까지 마음속에 담고 있었다는 것을 알게 되었습니다. 충격을 받은 엄마는 딸이 결혼을 한 후 두 달 동안이나 딸의 신혼집을 방문하지 못했다고 합니다.

여러분도 한번 가족에게 똑같은 방법으로 해보시면 어떨까요? 그래서 묵은 감정들을 좀 풀어내시면 어떨까요? 그것도 힘들겠다 싶으면 "아빠가 요즘 복지관에 가서 '심리학 수업' 강의를 듣고 있는데, 들을수록 너희에게 미안한 마음이 들더라. 아빠가 그동안 너희의 감정에 귀 기울이기보다는 매사에 윽박지르고 아빠 생각을 강요해서 미안하다." 이런 말 한마디만 하셔도 자녀들의 마음속에 쌓였던 감정들이 어느 정도 풀어지지 않을까요?

14강

✕✕✕

왜 선입견과 편견이
문제가 되는가?

갈등과 혼동의 원인인 선입견과 편견

이런 장면을 한번 떠올려볼까요? 지금 우리가 수업중이잖아요. 그런데 문을 열고 한 남자가 들어옵니다. 이 청년은 포니테일 머리(일명 '말총머리'라고도 하는데 긴 머리카락을 위로 높이 올려 하나로 묶는 것)를 했습니다. 쇠체인의 목걸이도 했습니다. 팔에는 꽃무늬 문신이 있습니다. 옷차림은 찢어진 청바지를 입었습니다. 선글라스도 끼었습니다. 게다가 껌까지 씹으며 '하이'하면서 들어옵니다.

이번에는 깔끔하게 차려입은 청년이 들어와 정중하게 인사를 합니다.

여러분은 이 두 사람을 어떻게 판단하시나요?

네, 지금 두 청년에 대한 평가에서 외모가 판단기준이 되었는데 그런 지식은 어디에 들어 있을까요? 바로 우리의 '장기기억' 속에 있습니다. 즉 우리의 기억 속에 저장되어 있는 지식이 작동을 한 것입니다.

다시 말해 우리가 어떤 대상을 보면 무조건 판단을 내리는 것이 아니라 기억 속에 저장되어 있는 기존의 정보를 끄집어내어 맞는지 안 맞는지를 보고 결정을 하게 됩니다. 아까 포니테일의 머리를 한 청년을 보고 "날라리야"라고 판단을 내리셨다면, 그것은 과거에 내가 그런 모습을 한 청년을 만난 적이 있는데 그 청년이 날라리였던 경험을 했다고 볼 수 있습니다. 그리곤 "포니테일의 머리에 문신과 찢어진 청바지를 입은 사람은 날라리"라는 것을 기억 속에 저장해놓았다고 볼 수 있지요.

하지만 포니테일 머리와 문신, 그리고 찢어진 청바지를 입었다고 해서 꼭 날라리는 아니지 않습니까? 설령 외모는 날라리처럼 보여도 실제로는 성실하고 책임감이 강한 사람도 얼마든지 있지요.

일반적으로 우리는 어떤 사람에 대한 정보가 들어오면 일일이 파악하기가 힘들어서 예전에 누군가를 평가했던 틀(개인적 평가의 틀)을 가져와서 그 정보를 해석하는 경향이 있습니다. 이것을 선입견이라고 하지요. 그리고 이 선입견이 문제가 되는 이유는 과거에 내가 경험했던 한두 가지의 사건을 통해 얻게 된

견해를 가지고 현재의 대상을 평가 또는 판단하기 때문입니다.

이렇듯 선입견은 한두 번의 경험에 의해 갖게 된 생각의 틀임에도 불구하고 그것을 살아가면서 모든 사람에게 적용시키다보니 관계 속에서 갈등의 요소로 작용할 수밖에 없는데요, 여러분들이 갖고 있는 선입견들이 의외로 많습니다.

어떤 것들이 있을까요?

"남자는 부엌에 들어가면 안 된다", "가방끈이 길어야 성공한다", "충청도 사람은 느리다", "계모는 무조건 나쁘다", "미인은 팔자가 세다", "남자는 울면 안 된다", "정치인들은 거짓말을 밥 먹듯이 한다", "외동은 버릇이 없다", "결혼하면 아들을 낳아야 한다", "남녀가 식당에서 식사를 하면 남자가 밥값을 내야 한다", "생머리가 젊어 보인다" 등등.

수많은 선입견들이 있는데, 만약에 위에 나온 선입견처럼 "충청도 사람은 느리니까 이번 인사에서 제외해"라고 인사부장이 지시를 내렸다고 칩시다. 매사가 이런 식으로 돌아간다면 우리 사회는 무질서를 넘어 갈등과 혼동에 빠지고 말 것입니다.

충청도 사람들은 모두 느리던가요? 아니죠. 물론 느린 사람도 있을 수 있겠지요. 하지만 내가 만난 충청도 사람이 느렸다고 해서 모든 충청도 사람들이 다 느리다고 단정 짓는 것은 누가 봐도 어이없는 일이지요.

어느 어르신은 일흔이 넘었는데도 '생머리가 젊어 보인다'는 선입견 때문에 자신에게 어울리는 헤어스타일을 한번 해보지도

선입견이 문제가 되는 이유는 과거에 내가 경
험했던 한두 가지의 사건을 통해 얻게 된 견해
를 가지고 현재의 대상을 평가 또는 판단하기
때문입니다.

못하고 평생 오로지 생머리만을 고집하시더군요.

사람은 누구나 선입견과 편견을 가질 뿐만 아니라 나이 들수록 선입견과 편견이 많아지고 또 견고해지지요. 그래서 "사람의 마음 안에는 자신의 나이만큼 키워온 개 두 마리가 살고 있는데, 그들의 이름은 바로 선입견과 편견이다"라는 말이 생겨났습니다.

우리는 내가 가진 선입견 때문에 다른 사람들을 판단하고 상처를 줍니다. 또한 다른 사람이 갖고 있는 선입견 때문에 피해를 보거나 상처를 받기도 합니다. 이렇듯 관계 속에서 벌어지는 대부분의 갈등은 서로가 갖고 있는 선입견들 때문이라고 할 수 있습니다.

우리는 갓 결혼한 신혼부부들에게서 사소한 다툼이 심각한 문제로 커지는 경우를 종종 봅니다. 예컨대 "당신은 왜 치약을 중간에서부터 짜는 거야, 밑에서부터 짜야지"라면서 다툼이 시작되는데, 이것도 사실은 선입견의 문제라고 할 수 있습니다. 치약을 밑에서부터 짜서 쓸 수도 있지만 중간에서부터 짜서 쓸 수도 있는 것 아닌가요?

이것은 서로 자라온 배경이 달라 과거의 경험이 각각 다르기 때문에 오는 문제이지요. 따라서 배우자가 잘못됐다고 판단하며 내 방식을 고집하기보다는 서로가 조율을 해나가야 합니다.

나 자신도 어제의 나와 다르다

우리는 모두 다른 환경에서 자라왔고 서로 다른 경험을 하였습니다. 그러다보니 나만의 경험에서 갖게 된 생각의 틀인 선입견들이 나이가 들수록 점점 많아지고 또 견고해질 수밖에 없습니다.

그리고 이 선입견들은 다른 사람들이 가진 선입견들과 당연히 다를 수밖에 없겠지요. 왜냐하면 그들도 어떤 사건이나 경험 속에서 그들만의 선입견들을 가지게 되었기 때문입니다. 그러기 때문에 우리가 자신의 선입견으로 다른 사람에게 옳고 그름의 잣대로 적용하는 것은 맞지 않다고 볼 수 있습니다.

이런 이야기가 있습니다. 지하철 안에서 벌어진 일입니다. 어느 역에서 아버지와 다섯 살 정도의 아들이 탔습니다. 아이는 굉장히 부산하게 이리저리 왔다 갔다 합니다. 큰소리를 내면서 장난감을 가지고 놉니다. 한 어르신이 속으로 "아들이 저렇게 예의 없이 구는데도 가만히 있으니 저 아들이 앞으로 뭐가 되겠나?"라고 생각을 하셨습니다.

한 30분이 지났는데도 아버지는 아무 말이 없었습니다. 이 어르신이 더 이상은 안 되겠다 싶었는지 마침내 말을 꺼내셨습니다. "여기는 공공장소인데 아들을 좀 조용히 시켜야 되지 않겠습니까?"라고 말입니다. 사람들은 자기들 대신 얘기를 해줘서 고소해하는 표정이었습니다.

잠시 침묵이 흐른 후 이 아이 아버지는 사과를 했습니다. "죄송합니다. 지금 아이 엄마의 장례를 치르고 오는 길입니다. 제가 경황이 없어서 미쳐 아이를 조용히 시키지 못했습니다."

이 말은 들은 승객들은 갑자기 숙연해졌습니다. 말은 하지 않았지만 그 아이를 다르게 바라보는 것 같았습니다. 그렇습니다. 우리는 모두 형편이 다를 수 있습니다. 다를 뿐만 아니라 이 땅의 모든 것들은 순간마다 변합니다. 나 자신조차도 어제의 내가 아닙니다.

이렇게 모든 것은 순간순간 변화되는 과정 중에 있다는 것이 우주의 진리임에도 불구하고 우리는 과거 나의 경험에 의해 갖게 된 고정된 사고의 틀인 선입견을 현재의 순간으로 가져와 적용시키는 경향이 있는데 이것은 옳지 않습니다.

선입견은 이렇게 과거의 경험에 의해 생긴 틀로서 주로 '반드시 ~해야 한다'라고 생각하는 것들입니다. 법이 많으면 그 법을 일일이 다 지키기가 어려운 것처럼 마음속에 '반드시 ~해야 한다'는 틀이 많을수록 그것들을 지키기가 힘들겠지요. 그러다보면 나중에는 자신조차도 사랑스럽고 괜찮은 사람이라고 생각할 수 없습니다. 왜냐하면 지켜야 할 법들은 많은데 그 법들을 지키지 못하면 자기 자신이 못마땅할 것이 뻔하기 때문입니다.

공감을 받을 때 자유로워지는 우리의 감정

그럼 어떻게 해야 나를 힘들게 하는 선입견들을 벗어버리고 또 사람들을 있는 그대로 보아줄 수 있을까요?

해답은 바로 이런 선입견이 어떤 과정을 통해 만들어지는지를 심리학적으로 분석을 해보면 나올 것 같습니다. 좀 더 구체적으로 말해 선입견은 우리가 성장해 가면서 부모나 다른 사람들로부터 공감을 받지 못하고 지시나 협박, 강요를 많이 받아왔기 때문에 생긴 것이라 할 수 있습니다.

예를 하나 들어보겠습니다. 여섯 살 아들이 밖에서 놀다가 어찌어찌하여 울면서 현관문을 열고 들어옵니다. "엄마, ○○가 나를 밀었어. 무릎에서 피가 나?"라고 하면서 엉엉 웁니다. 그럼 엄마가 어떻게 반응을 보여야 할까요?

네 맞습니다. "어디 보자, 우리 아들 무릎에서 피가 많이 나네. 아프겠다. 자, 약 발라야겠네. 엄마가 연고 가져올게." 이렇게 얘기를 하면 아무 문제가 없습니다. 그런데 여러분들은 아이들 키우실 때나 혹은 손자손녀 키우실 때 어떻게 하셨나요?

"뚝, 사내녀석이 울긴 왜 울어"라고 하신 후 비로소 "어떻게 넘어져서 이렇게 피가 많이 나는 거야. 가서 연고 가져와"라고 하지는 않으셨는지요?

이렇게 공감을 받기보다는 판단의 말을 듣다보면 "남자는 울면 안 된다"라는 선입견을 가지게 되는 것입니다.

이런 경우도 생각해볼 수 있습니다. 다섯 살짜리 아들이 열심히 블록으로 성을 쌓고 있습니다. 한 30여 분 공들여 성이 완성되어갑니다. 낮잠을 자고 막 일어난 세 살짜리 동생이 갑자기 나타나서 이 성을 무너뜨리고 말았습니다. 아들은 '야' 하고 소리치더니 냅다 동생을 때렸습니다. 그러자 엄마가 뭐라고 반응을 보였을까요?

"울 아들 정말 속상하겠다. 이 더운 날 땀까지 흘리며 열심히 쌓은 성인데… 어떡하나?"라며 아들의 감정에 공감을 해주기는 커녕 "동생이 모르고 한 거잖아. 일부러 그런 것도 아닌데 형이 동생을 때려. 형이니까 참아야지. 너는 형이야. 우리 집 장남이라고" 하면서 아들을 야단쳤습니다. 이 엄마는 그날뿐만 아니라 매번 "형이니까 참아야지"라는 말을 입에 달고 살았습니다.

이때부터 이 아이는 "형은 뭐든지 참아야 한다"는 선입견을 갖게 되었습니다. 만약에 엄마가 공들여 쌓은 성을 무너뜨린 동생에 대해 화가 난 마음에 충분히 공감을 해주었더라면 그러한 선입견을 갖게 되지는 않았을 것입니다.

우리의 감정은 논리적인 설명으로 풀어지지 않습니다. 우리가 느낀 감정, 특히 부정적인 감정일수록 비난이나 판단의 말보다는 공감을 받을 때 풀어집니다. 그러니까 엄마의 관점에서 볼 때 아무리 아들이 잘못을 했더라도 화가 난 아이의 감정에 충분히 공감을 해주어야겠지요. 그런 다음에 아들에게 해도 되는 행동과 하면 안 되는 행동에 대한 한계를 설명해줘도 늦지 않습니다.

"세 살 버릇 여든까지 간다"라는 속담이 있듯이, 물론 우리가 갖고 있는 선입견들을 하루아침에 벗어버릴 수는 없습니다. 하지만 "내가 이런 선입견들을 가지고 있구나" 하고 인정만이라도 하는 것이 중요합니다. 왜냐하면 인정하는 데서부터 변화는 시작되기 때문입니다.

* 이 글에서는 고정관념, 선입견, 편견을 비슷한 의미로 사용했습니다.

15강

~~~

나이가 들수록
왜 웃음을 잃어갈까?

우리는 매일 불필요한 걱정을 하며 산다

어떤 가정의 이야기입니다. 남편의 얼굴에 수심이 가득합니다. 얼굴이 구겨진 채 펴지지를 않습니다. 아내는 걱정이 되어서 원인을 곰곰이 분석해보았습니다. 그 이유를 알 것 같았습니다. 최근에 남편이 한약 한 첩을 잘못 달여먹고 그만 얼굴이 구겨진 것입니다. 아내는 어떻게 하면 남편의 얼굴을 좀 펴줄 수 있을지 궁리를 했습니다.

드디어 묘안이 떠올랐습니다. 아내는 남편에게 선물을 하나 주었습니다. 남편은 아내에게서 선물을 받자마자 얼굴이 환하게 밝아지기 시작했습니다. 아내는 남편에게 무엇을 선물로 주었을까요? 바로 피자입니다. 구기자를 달여 먹고 구겨진 남편의 얼굴을 아내는 피자로 환하게 펴주었던 것입니다. 조금 유머스러운 이야기로 시작을 해봤습니다.

여기에서는 웃음치료에 대해 공부하려고 하는데요, 여러분의 구겨진 얼굴도 환하게 펴졌으면 좋겠습니다.

제가 강의를 하러 여러 복지관을 다니면서 발견한 것이 있습니다. 거의 모든 노인복지관이 서로 다른 프로그램들을 진행하는데, 유독 공통적으로 진행하는 프로그램이 하나 있습니다. 과연 뭘까요?

네, 맞습니다. 웃음치료입니다. 왜일까요? 잘 웃질 않으시니까 억지로라도 웃으시게 하기 위해서입니다. 제가 아는 어느 어르신은 사진을 찍는데 너무 웃질 않으시는 겁니다. 표정이 너무 심각합니다. 그래서 아드님이 한 가지 기발한 생각을 했습니다. 바로 돌이 갓 지난 손자를 데리고 온 것입니다. 그렇게 웃지 않던 어르신이 손자를 보자 비로소 미소를 지으셨고 마침내 멋진 사진을 찍을 수 있었다고 합니다.

웃는 것도 쉽지가 않아서 습관을 들이기 위해서는 연습이 필요한데, 웃음에 대한 연구를 보면 아이들이 태어나서 여섯 살까지는 하루에 300번 정도 웃는다고 합니다. 그런데 어른이 되면 하루에 10~20번 정도 웃는다고 합니다. 이 정도 웃는 것도 서양의 연구결과이고, 동양 사람들은 서양의 절반인 7번에서 10번밖에 안 웃는다고 합니다.

그렇다면 왜 우리는 나이가 들수록 점점 웃음을 잃어갈까요?

바로 미래에 대한 불안과 걱정으로 생각이 많아져서입니다. 그런데 놀라운 것은 우리가 하는 근심걱정 중에서 40%는 절대로 일어나지 않을 일이라고 합니다. 만약에 비가 오면 "아이고, 우리 아들이 학교에서 돌아오다가 벼락 맞으면 어떡하지?" 하는데, 사실 벼락은 안 맞는다고 봐야 되지 않을까요? 이렇게 일어나지도 않을 일에 대해 걱정을 하는 것이지요. 또 걱정하는 것의 30%는 이미 일어나버린 사건에 대한 걱정이라고 합니다. 이미 엎질러진 물을 보면서 "아이고, 이거 엎질러지지 않았어야 하는데"라며 걱정을 한답니다. 22%는 자잘한 걱정 그러니까 "오늘 복지관 점심 반찬이 뭘까? 내가 싫어하는 반찬 나오면 어떡하지?" 하는데 사실 이런 건 걱정할 필요가 없는 거잖아요. 그 다음에 4%는 어떤 걱정일까요? 절대 우리 힘으로 바꿀 수 없는 걱정이랍니다.

그러니까 우리가 걱정해서 바뀔 수 있는 사건에 대한 걱정은 단지 4% 정도밖에 되지 않는다는 겁니다. 이 말을 뒤집어서 표현하면, 우리는 매일 불필요한 96%의 걱정을 하다보니까 웃음을 잃어버렸고 그 잃어버린 웃음을 회복하기 위해 웃음치료 프로그램이 널리 행해지고 있다고 볼 수 있습니다.

저를 한번 따라 해보세요? "씨~익" 다시 "씨~익"…. 웃으시는 모습들이 보기 좋습니다. "씨~익"은 웃음치료의 1단계로서 "씨~익"을 하면 입꼬리가 올라가면서 미소 띤 얼굴이 되지요. 놀라운 것은 우리가 긍정적인 말을 할 때도 입꼬리가 올라간다는 사실입니다.

반면에 부정적인 말들은 대체적으로 입꼬리가 내려가지요. 제가 한 번 해볼까요? "너 싫어"라는 말은 입꼬리를 올리지 않아도 할 수 있습니다. 다시 말해 부정적인 말, 즉 욕도 입꼬리를 올리면서 하면 욕으로 안 보인다는 겁니다. 한번 해볼까요? 입꼬리를 올리시면서 "너 싫어"라고 말이죠. 어때요? 입꼬리를 올리니까 꼭 긍정적인 말을 하는 것 같지요?

이처럼 웃음과 입꼬리를 올리는 행동은 아주 밀접한 관련이 있는데요, 이것을 잘 설명해주는 것이 바로 심리학이론 중 '안면 피드백 가설'입니다.

안면 피드백 가설이란 얼굴표정이 정서를 유발시킨다, 곧 웃는 얼굴은 즐거운 기분을 만들고 화난 얼굴은 불쾌한 기분을 일으킨다는 것인데요, 정말 그럴까요? 물론이죠. 과학적인 근거도 있습니다. 이를 위해 실험을 했습니다.

이를테면 A와 B 두 그룹으로 나누어서 A그룹은 볼펜을 이빨로 물고 〈무한도전〉이라는 프로그램을 보게 했습니다. 볼펜을 이빨로 물었다는 것은 입꼬리가 올라가게 했다는 것을 의미하지요. 반면에 B그룹은 볼펜을 입술로 물고 〈무한도전〉을 보게 했습니다. 볼펜을 입술로 물었다는 것은 입꼬리가 내려가게 했다는 것을 의미하지요.

실험 결과가 어떻게 되었을까요?

아무리 무뚝뚝한 할아버지도 손자손녀의 웃는 얼굴을 보면 절로 웃는 모습으로 바뀌는 것을 우리는 주변에서 종종 목격할 수 있지요. 이것이 바로 웃음에는 전염성이 있다는 것을 말해 주는 섭니다.

볼펜을 이빨로 물어서 입꼬리가 올라간 상태에서 〈무한도전〉을 본 A그룹은 〈무한도전〉이 재미있다고 얘기를 하고, 볼펜을 입술로만 물어서 입꼬리가 내려간 상태에서 〈무한도전〉을 본 B그룹은 〈무한도전〉이 별로였다는 보고를 한 것입니다.

실험 결과는 "즐거운 표정을 지으면 즐거워지고 화가 난 표정을 지으면 화가 난다"는 안면 피드백 가설을 확인한 셈이죠. 그래서 우리가 행복해지길 원한다면 입꼬리를 올리며 미소 짓고 웃을 필요가 있습니다.

웃음, 돈 들이지 않는 보약

'안면 피드백 가설' 말고도 우리가 웃어야 하는 이유들은 아주 많습니다. 우리의 뇌는 정말 대단한 곳입니다. 이 복지관에서는 출석체크를 카드로 하는데 이런 신기한 것을 모두 우리 뇌가 만들었습니다. 이렇게 뛰어난 뇌이지만 한편으로는 바보 같은 면이 몇 가지 있습니다. 그중 한 가지는 웃음과 관련이 있는데요, 뇌는 우리가 진짜로 웃는 웃음인지 가짜로 웃는 웃음인지를 구분하지 못하고 무조건 웃기만 하면 몸에게 명령을 내린다는 겁니다.

어떤 명령을 내리냐 하면 신경전달물질인 세로토닌에게 '너 분비돼'라고 명령을 내립니다. 이 말을 좀 더 구체적으로 설명을 하면 우리가 웃으면 얼굴근육들이 움직여지면서 뇌의 시냅스 사이에 있는 일명 '웃음보'라고 하는 주머니가 건드려지면서 세로토닌이 분비가 된다는 겁니다.

그럼 세로토닌이 무엇이기에 분비가 되면 좋을까요?

원래 세로토닌이라는 물질은 우리가 칭찬을 받거나 혹은 다른 사람들에게 주목을 받을 때 분비가 되는 물질이에요. 왜 연예인이 되려고 하나요? 사람들의 주목을 받을 때 행복을 느끼기 때문이지요. 그러니까 세로토닌이라는 물질이 분비가 되면 우리의 기분이 아주 좋아진다고 볼 수 있지요. 이런 연유로 웃음치료를 한다고 볼 수 있습니다.

더불어 기억하면 좋은 것은 나이가 들수록 여성호르몬의 분비가 줄어들듯이 신경전달물질들의 분비도 줄어들기 때문에 억지로라도 웃어서 세로토닌 같은 물질의 분비를 인위적으로라도 촉진시켜줄 필요가 있다는 것입니다.

우리가 웃으면 뇌는 세로토닌에게만 명령을 내리는 것이 아닙니다. 이번에는 엔도르핀에게 명령을 내립니다. '너 분비돼'라고요. 엔도르핀이라는 단어는 몇 년 전 작고하신 황수관 박사님의 『신바람 건강법』이라는 책을 통해 대중에게 널리 알려지는 계기가 되기도 했지요.

이 엔도르핀이라는 물질은 한 마디로 말해 여러분들이 운동이나 등산을 하고서 땀을 쫙 흘렸을 때처럼 우리 몸이 아주 가벼워진 느낌을 갖게 해주는 것이라고 할 수 있습니다. 물론 매운 음식을 먹을 때도 엔도르핀은 분비가 됩니다. 그래서 사람들이 스트레스를 받으면 매운 종류의 음식을 찾는 것이 아닌가 싶습니다.

이렇게 분비가 되면 기분이 좋아지는 엔도르핀은 '천연 아편'이라고도 불리는데요, 아편은 히로뽕 같은 마약입니다. 기분이 좋아지는 환각제요. 그런데 이런 마약류는 기분을 좋게 하는 기능뿐만 아니라 고통을 잊게 하는 진통제의 역할도 하지요.

암 말기 환자들은 고통이 너무 심하니까 링거로 모르핀주사를 맞는 경우가 있습니다. 모르핀은 마약류로서 통증을 감소시켜주지요. 이런 연유로 암 병동에서 웃음치료를 하는 것은 웃으면 고통을 잊게 하는 천연 아편이라 불리는 엔도르핀이 나오기 때문입니다.

웃음이 가져다주는 유익한 점들은 이것이 전부가 아닙니다. 웃으면 뇌가 NK세포에게 분비되라고 명령을 내리는데, NK세포란 면역을 담당하는 세포로 암을 불러일으키는 나쁜 세포들을 찾아서 죽이는 역할을 하지요. 그러기 때문에 병원과 웃음치료는 떼려야 뗄 수 없는 불가분의 관계에 있다고 할 수 있습니다.

웃음이 이렇게 건강과 직결된다는 것은 웃음의 어원을 통해서도 확인할 수 있는데,『인간의 특성』이라는 책을 보면 웃음의 어원은 '헬레(hele)'이고 그 의미는 '건강(health)'이라고 나와 있다고 합니다. 고대인들이 참으로 지혜로웠다는 생각이 듭니다.

웃으면 스트레스를 진정시켜서 혈압을 떨어뜨린다고 합니다.

또 박장대소하고 웃다보면 650개의 몸 근육과 80개의 얼굴근육, 그리고 206개의 뼈가 움직이며 오장육부까지 영향을 받아서 혈액순환에도 도움이 된다고 하지요.

웃음치료 연구의 대가인 윌리엄 프레이 박사는 웃음이 폐를 확장시키고 근육들의 긴장을 풀어주기 때문에 에어로빅 운동과 비슷한 효과를 낸다고 주장한 바 있습니다. 그래서 웃으면 8년을 더 장수할 수 있다는 말이 나온 것 같습니다. 그리고 여자가 남자보다 오래 사는 이유는 더 자주 웃기 때문이라는 말도 이런 맥락에서 보면 이해가 갑니다.

마지막으로 웃음은 전염성이 있다는 사실입니다. 내가 웃으면 전염이 되어서 옆사람까지 웃게 된다는 말이지요. 물론 이것도 실험을 했습니다. 어떻게 했느냐 하면 웃는 표정의 인물 사진을 보여주었더니, 많은 사람들이 그 웃는 사진을 보다가 자신도 모르게 미소를 짓게 되었다고 합니다.

아무리 무뚝뚝한 할아버지도 손자손녀의 웃는 얼굴을 보면 절로 웃는 모습으로 바뀌는 것을 우리는 주변에서 종종 목격할 수 있지요. 이것이 바로 웃음에는 전염성이 있다는 것을 말해주는 겁니다.

웃는 연습, 이제 혼자서도 하실 수 있겠지요? 어떻게요? 매일 '씨~익'을 반복하는 겁니다. 또 한 가지는 집안 눈에 잘 띄는 곳에 해맑게 웃고 있는 손자손녀의 사진을 붙여놓고 매일 쳐다보는 겁니다. 어떠세요? 참 쉽지요.

이번 강의를 마치면서 웃음을 한 마디로 정의하라면 저는 '돈 들지 않는 보약'이라고 하고 싶습니다.

16강

⤳⤳⤳

정작 내가 나를
소홀히 대하지는 않나요?

남과의 비교가 열등감의 시작이다

난센스 퀴즈입니다. 감 중에서 가장 맛없는 감은 뭘까요? 땡감, 아닙니다. '영감'도 아닙니다. 이런 질문을 드리면 '영감'이라는 대답이 꼭 나오는데, 여자어르신들이 남편들에게 쌓인 감정이 많으신가 봅니다.

감 중에 가장 맛없는 감은 바로 '열등감'입니다. 물론 이건 제가 지은 정답입니다. 열등감이라는 말을 많이 들어보셨을 텐데, 그 뜻이 뭘까요? 열등감이란 바로 '남과 비교해서 내가 남보다 못하다고 생각될 때 가지는 감정'이라고 할 수 있습니다.

요즘은 공무원 시험에 합격하기가 어려워서 '고시'라고도 부릅니다. 그런데 아들이 수백 대 1의 경쟁률을 뚫고 9급 공무원 시험에 합격했습니다. 정말 기쁘겠지요? 그런데 어느 날 사촌조카가 7급 공무원 시험에 합격했다는 소식을 듣게 됩니다. 그럼 아들이나 엄마의 기분이 어떨까요?

열등감에 대한 정의와 예를 들어보니까 어떠세요? 무인도에 가서 혼자 살지 않고 사람들과 더불어 살아가는 한 열등감이 없는 사람은 없겠지요?

그래서 우리 자신을 위로하기 위해 이런 유행어까지 생겨났습니다. 40대는 학력의 평준화(40이 되면 학력의 차이가 살아가는 일상에서 별 문제가 되지 않는다.)가 이루어지고 50대는 미모가 평준화되고 60대는 남녀의 평준화(60이 되면 남자가 하는 일, 여자가 하는 일에 대한 구분이 없어진다.), 70대는 건강의 평준화, 그리고 80대는 재산의 평준화(80이 되면 아무리 재산이 많다고 해도 하루에 4~5번의 식사를 하지 못하고 1년에 여러 번 외국여행을 다닐 수도 없으니 재산이 그리 중요하지 않다.)가 이루어진다고요.

여러분은 모든 면에서 평준화되셨습니까? 이제 남들과 비교해서 부러운 것이 하나도 없으십니까? 아니면 지금도 남들과 비교하면 너무나 속상한 것이 많고 우울해지십니까?

아들러란 심리학자는 열등감은 노력과 성장을 자극하는 계기가 된다고 했는데요, 그럼 여러분은 열등감을 떨쳐버리기 위해 그동안 어떤 노력들을 해오셨는지요?

혹 자식을 통해 열등감에서 벗어나려고 하지는 않으셨는지요? 왜 우리가 아이들이 공부하지 않을 때 하는 말이 있잖아요. "아빠처럼 무시당하며 살지 않으려면 열심히 공부해"라고 한다든지 아니면 내가 해내지 못한 꿈을 자식을 통해 이루려고 하는 경우도 꽤 있지요.

요즘은 피아노 학원들이 잘 안 되는 경우가 있다고 합니다. 이것도 열등감과 관련이 있는데요, 저희 베이비부머 세대는 피아노를 배우고 싶었지만 대부분의 경우 집안 형편이 어려워서 배우지를 못했지요. 사실 그 기억 때문에 아이들에게 유치원 때부터 피아노를 가르쳤습니다. 그런데 요즘 부모들은 피아노를 배우고 자란 세대라 그런 한이 없대요. 그래서 저희 때처럼 유치원과 피아노학원을 동시에 보내는 빈도가 조금 줄었다고 합니다.

앞의 정의에서 '남과 비교하여'라는 조건이 있었듯이, 열등감의 특징은 '주관적'입니다. 예컨대 이 정도의 재산이면, 이 정도 평수의 아파트에 살면 열등감이 극복된다는 객관적인 기준이 없습니다. 그래서 어떤 사람은 겉으로 볼 때는 모든 조건을 갖추었지만 마음속으로는 심하게 열등감을 느끼기도 하지요.

누구나 한 번쯤은 이런 경험들이 있을 것입니다. 평생 저축해서 25평짜리 아파트를 마련했습니다. 매일이 꿈만 같습니다. 밥을 먹지 않아도 배고프지 않고 기분이 좋습니다. 그런데 일이 생겼습니다.

우연히 아파트 상가에서 초등학교 동창을 만났는데, 아뿔싸

이 친구는 49평에서 살고 있는 게 아닙니까? 그 순간 모든 행복이 달아나버렸습니다. 25평에서 살고 있는 자신의 모습이 갑자기 초라해 보이기까지 합니다.

이처럼 우리 모두는 살아가면서 열등감을 가질 수밖에 없을 뿐만 아니라 열등감은 마치 밑 빠진 독에 물을 채우는 것처럼 우리를 지치게 만듭니다. 왜냐하면 아무리 내가 "이만하면 괜찮겠지"라고 다짐을 해도 더 괜찮은 사람이 계속해서 나타날 수밖에 없는 세상에서 우리가 살고 있기 때문입니다.

내 정신건강의 핵심은 자존감을 갖는 것

그렇다면 어떻게 해야 감 중에 가장 맛없는 감이라 할 수 있는 열등감을 극복하고 행복하게 살아갈 수 있을까요? 정답은 이 세상에서 가장 맛있는 감이라고 할 수 있는 '자존감'을 갖는 것입니다.

자존감은 정신건강의 핵심으로서 심리학에서는 아주 중요한 개념인데, 한 마디로 정의하면 '남과 비교하지 않고 나 자신을 귀하게 여기고 사랑하는 마음'입니다.

나 자신을 귀하게 여기고 사랑하다보면 남과 비교해서 갖게 되는 열등감은 저절로 달아나버립니다. 마치 우리가 누군가로부터 충분히 사랑받고 있으면 행복하고 그래서 더 이상 다른 사람과 비교할 필요가 없는 것처럼 말입니다.

자존감이 이렇게 나를 귀하게 여기고 사랑하는 것이라고 했는데요, 좀 더 구체적으로 말하면 나는 이 세상에 하나밖에 없는 존재로서 나와 똑같은 사람은 이 세상 어디에도 없으니까 나란 사람을 귀하다고 생각하며 대하는 것입니다.

왜 다이아몬드는 귀하고 돌멩이는 귀하지 않을까요? 바로 귀하고 흔하고의 차이지요. 어떤 분이 회사일로 중동지역에 가서 살게 되었답니다. 사우디아라비아 같은 나라의 사람들은 눈도 크고 코도 오뚝하고 아주 잘생겼잖아요. 이분이 한국에 살 때는 항상 새우젓 눈이라고 놀림을 당하곤 했답니다. 그런데 그 나라에 갔더니 그쪽 사람들은 모두 눈이 크기 때문에 작고 가느다란 이분의 눈을 특별히 보더랍니다. 그래서 귀한 대접을 받으며 살아가고 있다는 얘기를 들은 적이 있습니다.

이 세상에서 나와 똑같은 사람은 아무도 없기 때문에 나 자신이 더욱 귀한 것입니다. 게다가 여러분은 살아오면서 자신들만의 독특한 경험을 하셨습니다. 그리고 그 사연들은 나름대로 의미와 감동을 담고 있습니다.

그래서 우리 모두는 다른 것과 비교해서 값이 결정되는 '상품'이 아니라 이 세상에 하나밖에 없는 '작품'들입니다. 피카소와 같은 유명한 화가의 그림 한 점에도 값으로 계산이 안 될 정도의 가치가 부여되는데, 하물며 살아 있는 인간인 우리가 그리고 나의 인생경험이 귀하다는 것은 말할 필요도 없겠지요.

나 자신을 귀하게 여기고 사랑하다보면 남과
비교해서 갖게 되는 열등감은 저절로 달아나버
립니다. 마치 우리가 누군가로부터 충분히 사랑
받고 있으면 행복하고 그래서 더 이상 다른 사
람과 비교할 필요가 없는 것처럼 말입니다.

우리가 이렇게 귀하기 때문에 관계에서도 명확하게 경계선을 만들어가야 합니다. 그러니까 명확하게 경계선을 만들어간다는 것은 자신의 욕구나 감정이 무엇인지를 알고 분명히 표현할 줄 아는 것을 말합니다.

우리는 관계 속에서 누군가를 만났을 때 이렇게 말할 때가 종종 있지요? "우리 뭐 먹을까?" 그러면 "나는 아무거나 괜찮아. 네가 가고 싶은 식당으로 가"라고 하는데, 나는 정말 아무거나 먹어도 괜찮은가요?

물론 내가 어떤 음식을 좋아하는지 아니면 지금 뭐가 먹고 싶은지 모를 수도 있습니다. 왜? 평상시에 내가 어떤 음식을 좋아하는지와 같은 나 자신의 욕구에 대해 관심을 갖지 않았기 때문입니다. 혹은 상대방이 선택하도록 함으로써 나 자신이 상대방에게 좋은 사람으로 비춰지기를 원했을 수도 있지요.

아무튼 우리는 다른 사람들에게 초점을 맞추어 살아가는 것에 익숙해져 있습니다. 하지만 이것은 경계선에 문제가 있음을 의미합니다.

예를 들면 내 집과 옆집의 경계가 분명하지 않으면 어떻게 될까요? 여러 가지 분쟁이 끊이지 않을 것입니다. 가족끼리도 마찬가지입니다. 엄마아빠 방과 아이들 방의 경계가 없어서 서로 아무 때나 노크 없이 들락날락한다면 문제가 되겠지요.

이렇게 물리적 환경에서도 경계선이 분명해야 하듯이 관계에서도 심리적인 경계선이 명확해야 합니다. 우리는 흔히 아무리

하기 싫어도 다른 사람들의 기대에 부응하는 일을 선택함으로써 그들로부터 사랑이나 인정을 받으려고 하는 경향이 있지요.

이처럼 우리는 다른 사람들을 통해 내가 귀하고 사랑스런 존재라는 것을 느끼려고 하는데, 이것은 진정한 자존감이 아닙니다. 진정한 자존감이란 남을 통해 내가 귀하다는 것을 확인받는 것에 앞서, 먼저 내가 나를 귀하게 여기고 사랑하는 것입니다. 그러다 보면 심리적인 경계선도 점점 명확하게 만들어질 것입니다.

나를 잘 대접하려면

그렇다면 '경계선 만들기', 살아가면서 어떻게 실천해야 할까요?

한 가지는 "내 마음은 이렇습니다"라고 내 마음상태를 알려주는 감정에 귀 기울일 뿐만 아니라 내가 느낀 감정을 표현하며 살아가는 것입니다. 긍정적인 감정뿐만 아니라 부정적인 감정일지라도 그것을 상대방의 기분을 상하게 하지 않으면서 말로 표현하는 것입니다.

감정은 나의 본질에 가장 가까운 것으로서 내 감정을 표현하여 공감을 받으면 '나'라는 존재가 인정을 받는 것이기 때문에, 우리는 감정표현을 할 때 기분도 좋고 자존감도 높아진다고 할 수 있습니다.

3부. 서로 다른 우리 이해하기

또 한 가지는 내가 나를 잘 대접해주는 것입니다.

우리가 전에 매슬로의 욕구위계이론에 대해서 배웠듯이, 욕구는 행동을 불러일으키는 근원적인 힘으로서 인간에게 이런저런 욕구가 생기는 건 자연스러운 일입니다. 그런데 여러분은 욕구를 충족시킨다는 말을 이기적인 것으로 생각하셔서 그런지 직접 자신의 욕구를 충족시켜주려고 하기보다는 다른 사람들을 통해서 자신의 욕구를 충족시키고 싶어 하는 경향이 있습니다.

돈이 있는데도 나 자신을 위해서 쓰지 못하고 자식을 통해 받고 싶어하시지요. 이를테면 "이번주에는 큰아들이 와서 내가 좋아하는 냉면을 사주려나? 작은아들이 와서 사주려나?" 하시는데, 그렇게 마냥 기다리시다 보면 서운한 마음만 들게 되지요.

왜냐하면 표현하지 않은 부모님의 마음을 자녀들이 어떻게 알 수 있겠습니까? 그러니 당연히 아무리 기다리셔도 냉면을 사드리려고 자녀들이 오지는 않습니다. 그러니 마냥 기다리지 마시고 여러분들이 스스로를 위해 만난 음식을 사드시면 어떨까요?

물론 나를 대접한다고 해서 꼭 돈을 많이 쓰라는 것은 아닙니다. 그러니까 집에서 나 혼자 커피 한 잔을 마셔도 아무 컵에다 마시지 말고 귀한 손님에게 대접할 때처럼 받침이 있는 커피잔에 마시면 좋겠지요. 남이 나에게 커피를 대접할 때는 아무 컵에다 주면 무시 받는 것 같아 기분 나빠 하면서 정작 내가 나를 소홀히 대하고 있지는 않으신지요?

수급자 어르신들이 돌아가신 후 방바닥 장판을 들춰보면 꼬깃꼬깃 모아둔 돈이 꽤 나온다고 합니다. 물론 자식에게 한 푼이라도 더 남겨주고 싶어서 모아두신 그 마음, 모두 공감할 수 있습니다.

하지만 "행복한 부모가 행복한 자녀를 만든다"는 말이 있듯이, 나 자신이 행복할 때 그 모습을 보고 우리의 자녀들 또한 행복해지지않을까요? 장판 밑에 놓아둔 돈이 자녀를 행복하게 만드는 것이 아니고요….

내가 나를 대접하는 일, 지금부터 하셔도 늦지 않습니다.

왜냐하면 "오늘은 나의 남은 인생의 첫날이기 때문입니다.(Today is the first day of the rest of my life.)"

17강

~~~

서로 다른 별에서 온 남녀,
어떻게 다른가?

은퇴 후에도 서로 탐색기간이 필요하다

요즘 은퇴한 남자들에게 붙여진 명칭이 인터넷상에 떠돌고 있습니다. 바로 영식이, 일식이, 두식이, 삼식이입니다. 여기서 '영식이'는 하루 세 끼 중 한 끼도 집에서 안 먹는 남편을 일컫는 말인데, '영식이'를 칭할 때는 '영식님'이라고 뒤에 '님'자를 붙여준다고 하지요.

이뿐만이 아니죠. '저녁 먹었는 감' 하면 '못 먹었는 감', '배터지는 감' 혹은 '마누라가 안 주는 감' 하는 말들이 농담으로 오간다고도 합니다.

평생을 가족을 위해 일만 하고 살아왔는데 어느 날 아침, 갑자기 갈 곳이 없어졌을 뿐만 아니라 매사에 아내의 눈치가 보인 다고 호소하는 분들이 많이 있습니다. 이해가 갑니다. 은퇴하기 전에는 직장에서 여러 종류의 회의들과 더불어 눈코 뜰 새 없이 바쁘셨지요? 당연히 부하직원들이 알아서 커피나 다른 서비스들도 제공했고요. 하지만 은퇴와 함께 일거리도 서비스도 없어졌습니다. 그래서 남편은 그런 자리들을 아내가 채워주었으면 하고 바라게 됩니다.

하지만 아내 편에서 보면 아내 또한 마찬가지입니다. 아내는 아내만의 공간이 있었습니다. 전업주부로 살아온 경우를 예로 들면, 남편이 출근하면 집안일을 한 후 커피 한 잔 마시며 텔레비전도 보고 아니면 친구와 전화로 시간가는 줄 모르고 수다를 떨기도 했습니다. 간혹 외출해서 쇼핑이나 영화를 보며 문화생활을 즐기기도 했지요.

그런데 어느 날 갑자기 남편이 아내의 공간으로 들어왔습니다. 비서역할을 하는 것뿐만 아니라 하루 세끼 밥까지 준비해야 합니다. 거기다가 하루 종일 함께 있다 보니 사사건건 부딪히는 일이 많아졌습니다.

우리는 흔히 '은퇴 후의 삶에 대한 계획=재무적인 것'으로 생각을 해서 그 부분에만 초점을 맞춰 준비하는 경향이 있습니다. 하지만 은퇴란 직장일로부터 물러나 가정으로 돌아오는 것이기 때문에 무엇보다도 배우자와의 관계가 중심에 놓일 수밖에 없고 따라서, 은퇴 후의 삶이 행복해지기 위해서는 새롭게 부부관계를 재정비할 필요가 있습니다.

이를테면 신혼 때처럼 서로에 대해 탐색기간을 가지는 것이 필요합니다. 인간의 속성 중 하나가 항상 그대로 있지 않고 끊임없이 변한다는 사실인데, 하물며 결혼 후 30년 이상을 직장과 가정이라는 판이하게 다른 장에서 생활해온 남편과 아내의 모습이 어떠하겠습니까?

다양한 일들을 경험하면서 아마 성격이나 가치관도 관심사도, 상대 배우자에 대해 기대하는 바도 신혼 초와 비교하면 많이 달라졌을 것입니다. 그렇기 때문에 서로에 대한 이해와 건강한 소통을 위해서 결혼생활의 가장 기본적인 공부라 할 수 있는 남녀의 차이에 대해 살펴볼 필요가 있습니다.

남자와 여자는 분명히 다릅니다. 그런데 우리는 이 '다름'을 인정하지 않으려고 합니다. 그러다보니 부부관계 속에서 다툼과 갈등이 끊이질 않는데, 그 이유는 남녀의 '다름'을 '옳고 그름'으로 잘못 해석해서 내가 맞고 당신이 틀렸다는 식으로 대화하기 때문이라고 할 수 있습니다.

우리가 다음 시간에는 '노년기의 성'에 대해 공부를 하려고 하는데, 제가 강의 준비를 하다가 다음과 같은 사실을 알게 되었습니다. 그동안 어르신들의 성상담을 담당해온 인구보건협의회의 상담건수 9700여 건을 분석해보니 성상담의 1위는 '감퇴되는 성기능과 성 상식'에 대해 그리고 2위는 '부부간의 성 갈등', 3위는 '이성교제'였다고 합니다. 사실 이런 문제도 남녀의 차이에 대해 잘 모르기 때문에 생기는 것이라 볼 수 있지요.

저는 남녀의 차이를 아는 것은 마치 가전제품의 사용설명서를 읽어보는 것과 같다고 생각합니다.

예컨대 전기밥솥의 사용설명서를 읽지 않아도 우리는 전기밥솥을 잘 사용할 수가 있습니다. 하지만 사용설명서를 잘 숙지하고 그 가전제품을 쓴다면 더 잘 쓸 수가 있겠지요. 마찬가지로 남녀의 차이에 대해 공부를 하면 여러분의 부부생활과 의사소통이 훨씬 더 풍요로워질 것이라 확신합니다.

남녀 심리 사용설명서

제가 지금부터 말씀드리는 남녀의 차이는 『화성에서 온 남자 금성에서 온 여자』라는 책을 참고했습니다. '남녀 관계의 바이블'이라 불리며 수많은 연인과 부부를 파국에서 행복으로 이끈 이 책은 40개 언어로 번역돼 지금까지 5천만 부 이상이 팔렸다고 합니다. 이 책은 우리나라 대학들에서 '결혼과 가족'이라는 교양과목 시간에 주로 읽고 독후감을 쓰도록 하는 책이기도 합니다.

우선 남자는 '성취 지향적'이고 여자는 '관계 지향적'이라고 할 수 있습니다. 이 말은 남자들은 성취, 그러니까 어떤 목표를 달성하는 것에서 삶의 기쁨뿐만 아니라 자신의 존재감을 느낀

부부관계 속에서 다툼과 갈등이 끊이질 않는데,
그 이유는 남녀의 '다름'을 '옳고 그름'으로 잘못
해석해서 내가 맞고 당신이 틀렸다는 식으로
대화하기 때문이라고 할 수 있습니다.

다는 뜻입니다. 그렇기 때문에 그냥 '밥 한번 먹자'라고 했지만 그저 만나 밥 먹고 수다를 떠는 것이 목표 중심적인 남자들에게 는 왠지 허전하게 느껴집니다.

그래서 남자들은 뭔가 일을 매개로 만나는 것을 좋아하지요. 수년 만에 친구를 만나도 무작정 앉아서 대화만 나누는 것이 아 니라 당구나 볼링 혹은 여타의 스포츠를 즐기며 그간 어떻게 살 아왔는지를 묻고 또 듣습니다.

이런 성향 때문에 남자들은 부부관계 속에서도 먼저 들으려 고 하기보다는 무조건 해결책을 제시하려고 합니다. 그리고 이 것이 대화 속에서 그대로 드러나게 되지요.

예컨대 아내가 저녁식사를 하면서 "오늘 큰애 학부모 모임 갔 다가 얼마나 기분이 나빴는지 몰라. 그 왜 우리 앞동에 사는 반 장엄마 있잖아, 그 엄마가 얼마나 자기 아들 자랑을 해대는지… 자기 아들은 공부도 잘하지만 영어와 관련해서 받은 상이 많기 때문에 '수시'로 좋은 대학 갈 수 있다는 거야"라고 하면, 흔히 남편들은 뭐라고 반응을 보일까요?

네, 맞습니다. "그러니까 내가 뭐랬어. 우리 아이는 공부를 못 하니까 뭐든 한 가지 특기를 살려줘야 된다고 했잖아. 지금이라 도 학원을 보내!"라며 해결책을 제시하려고 하는데, 사실 아내 가 원하는 것은 뭐지요?

아내가 원하는 것은 어떤 조언이나 해결책이 아니라 남편이 그냥 들어주기를 원했던 거잖아요. 반장엄마의 말에 학교성적이 낮은 자녀를 둔 엄마로서 굉장히 마음이 상했을 것 같아요.

여자는 이처럼 관계 지향적이라 성취보다는 관계 속에서 서로 감정을 공유할 때 그리고 무엇보다도 상대방이 나의 이야기에 귀 기울여주면서 "당신 정말 속상했겠다"라고 공감을 해줄 때 만족감과 존재감을 느끼는 것입니다.

여자들이 얼마나 자신의 말에 귀 기울여주고 또 공감해주기를 원하는지는 다음의 예에서도 잘 나타납니다. "여보, 나 다음 주에 유럽으로 출장 가. 이번에는 당신 생일 선물로 명품 가방 하나 사다줄게" 하면서 오랜만에 남편으로서 어깨에 힘주고 말했습니다. 그러자 아내는 좋아하기는커녕 남편의 입장에서는 아주 황당한 생일선물을 요구했습니다.

무엇이었을까요? 바로 '아무 대꾸나 변명하지 말고 30분 동안 무조건 자신의 말에 귀 기울여 달라'는 것이었습니다. 이렇게 여자들은 남편들이 자신의 말에 귀 기울여주기를 간절히 바라고 있습니다.

남자들의 성취 지향적인 모습은 이렇게도 드러납니다. 남자들은 결혼하면 일단 목표를 달성했다고 느끼기 때문에 관계에 소홀해질 수 있어요. 그러다보면 당연히 아내와 자주 다툼이 생길 수밖에 없고요. 하지만 남자들은 싸웠다고 해서 그 감정이 오래가지도 않지요. 그래서 밤이 되면 잠자리를 요구하는 것이 남성들의 특성이 아닌가 싶습니다. 싸운 것은 싸운 것이고 잠자리는 잠자리라는 것이지요.

하지만 여자는 다르지요. 관계 지향적이라 관계가 편치 못하면 모든 것이 싫어질 수 있지요. 그러니까 마음의 문이 열려야, 즉 감정이 풀려야 몸의 문도 열린다고 볼 수 있습니다. 이렇게 남녀가 다르기 때문에, 적절한 소통이 이루어지지 않으면 서로에 대해 오해가 생기고 그러면 관계는 계속 꼬여서 갈등이 생길 수밖에 없습니다.

이런 성취 지향적 성향으로 인해 남자는 쇼핑을 갈 때도 "오늘은 청바지를 하나 사야지"라고 목표를 정하고 갈뿐만 아니라 갔다가 그냥 오면 목적을 이루지 못해서 시간을 낭비했다고 생각하지요.

하지만 여자는 관계와 기분을 중요하게 여기기 때문에 청바지를 사러 갔다가도 맘에 드는 스커트가 있으면 대신 스커트를 사기도 합니다. 혹은 맘에 드는 청바지가 없어서 그냥 돌아와도 남편과 함께 시간을 보냈기 때문에 의미 있었다고 생각하지요.

스트레스를 받을 때도 남녀는 다르지요. 남자는 동굴로 들어가 혼자 있고 싶어 합니다. 하지만 여자는 화를 내고 불평을 할지라도 자신의 말에 귀 기울여주고 공감해줄 누군가를 필요로 합니다.

한 마디로 스트레스를 받으면 남자는 입을 다물고 여자는 말을 많이 한다고 볼 수 있는데요, 이 점 또한 부부관계 속에서 다툼의 요소로 작용할 때가 많지요.

왜냐하면 앞에서 언급했던 것처럼 여자는 관계 지향적이기

3부. 서로 다른 우리 이해하기

때문에 상대방이 고민이 있거나 힘들어하는 것 같으면 그 고민을 함께 공유하면서 위로해주고 싶어하는데, 반대로 남자는 고민을 누군가에게 털어놓기보다는 뭔가 해결책이 나올 때까지 혼자 있고 싶어하기 때문입니다.

그래서 여자는 "여보, 회사에서 무슨 일 있나봐? 당신 얼굴에 그렇게 쓰여 있는데, 무슨 일이야?"라며 남편을 돕고 싶어 합니다. 그런데 남편이 "나 좀 그냥 내버려둬. 혼자 있고 싶어" 하면서 방으로 들어가거나 밖으로 나가버리면 어떻게 될까요?

당연히 다툼이 생길 수밖에 없겠지요. 아내는 도와주려는 마음이 무시당한 것 같아서 남편에게 많이 서운하겠지요. 남편은 남편대로 속이 타고요. 자신을 도와주려는 아내를 무시해서가 아니라 약한 모습을 보이는 것은 남자답지 못한 행동이라고 생각해서 그런건데 말입니다.

남자들은 이렇게 누군가와 감정을 나누기보다 혼자서 참다가 욱하고 일을 저지를 수도 있기 때문에, 일반적으로 우울증에 걸릴 확률은 여자가 남자보다 높지만 자살률은 남자들이 여자들보다 더 높게 나오는 것 같습니다.

이렇게 스트레스를 받았을 때뿐만 아니라 평상시에도 말이 적고 많음과 관련하여 남녀의 차이는 아주 큰 것 같습니다. 흔히들 남자는 '과묵하다', 여자는 '말이 많고 수다스럽다'는 이미지를 갖고 있지요. 그래서인지 연구결과에 의하면 남자는 하루에 구사하는 단어의 수가 7천 개인 반면, 여자는 하루에 구사하는 단어의 수가 2만 개라고 합니다.

이런 차이는 인간관계에서도 나타나겠지요. 이를테면 남자들은 낚시를 하러 갔을 때 여러 시간 동안 아무 말 없이 동료 낚시꾼들과 함께 앉아 있을 수 있어요. 하지만 그들과 함께 있기만 할 뿐 그곳에서 느껴지는 감정을 말로 표현하지는 않지요.

반면에 여자들은 어떻지요? 어느 장소에 있어도 서로 금세 친해지기도 하고 또 감정도 함께 공유하지요. 예를 들어 지하철 안에서도 "그 신발 참 편해 보이네요? 어디서 사셨어요?"라고 물으며 대화를 하잖아요.

어떠세요? 남녀는 우리들이 생각했던 것보다 훨씬 더 많이 다르지요? 외국인과 사는 것도 쉽지 않은 일인데『화성에서 온 남자 금성에서 온 여자』라는 책 제목이 암시해주듯이, 남녀는 다른 나라도 아니고 서로 다른 별에서 온 사람들만큼이나 많이 다르다는 것을 꼭 기억해야겠습니다.

18강

노년기의 성을
제대로 이해하려면?

난 여전히 사랑에 빠지고 싶다

얼마전 보건복지가족부에서 발표한 것을 보면 어르신들에게도 성생활의 중요성에 대한 인식정도가 높은 것으로 조사됐습니다. 그러니까 노년기에 성생활이 중요하다고 응답한 분들이 56.2%였고요, 그다지 중요하지 않다고 응답한 분들은 22.4%였습니다.

뿐만 아니라 노년기에는 모든 신체기능과 함께 성적 기능이 좀 약화될 뿐이지 성 욕구나 관심은 젊은 시절이나 별반 다르지 않다는 것이 조사결과 밝혀졌습니다. 따라서 노년기의 성생활은 행복한 노후를 결정하는 중요한 요소 중 하나라고 할 수 있습니다.

'9988234'의 구호가 뭐지요? 99세까지 팔팔하게 살고 2~3일만 앓다가 사흘째 되는 날 죽는 것이 가장 행복한 인생이라는 뜻이지요.

그런데 요즘은 새로운 버전이 나왔답니다. 9988234가 뭐냐 하면 "99세까지 팔팔하게 살다가 23세 된 여인을 만나 사랑에 빠지다"라는 뜻이라고 합니다. 어떠세요? 이 말의 의미가 충분히 이해되지요?

그럼 CC가 뭘까요? 맞습니다. CC는 캠퍼스 커플(Campus Couple)의 약자로 '같은 대학에 다는 학생으로서 서로 사귀는 한 쌍의 남녀'를 말하지요.

그럼 BC는 뭘까요? 아는 분이 아무도 없으신가 봐요? 바로 복지관 커플(Bokjikwan Couple)의 약자로 '함께 복지관에 다니면서 사귀는 남녀 어르신들'을 일컫는 말입니다.

그리고 부부들이 복지관에 오면 대개의 경우 서로 자기가 원하는 프로그램에 자유롭게 참여하다가 오후 5시에 복지관 로비에서 만나 손잡고 집에 가시잖아요. 하지만 짝꿍이 필요한 시니어댄스 프로그램은 내 아내가 혹은 내 남편이 다른 파트너와 손잡고 하는 것이 싫어서 함께 참여하는 분들도 꽤 있지요.

이렇게 남녀가 나이가 든다고 해서 성에 대한 욕구를 비롯해서 성적인 관심이 약화되거나 사라지는 것은 아닌 것 같습니다. 또 앞서 보건복지가족부의 조사결과에서도 나왔지만 노년기의 성생활이 여러분들의 삶의 만족도에 큰 기여를 한다는 사실입니다. 하지만 '노년기의 성'에 대한 편견들 때문에 이런 주제를 밖으로 내놓고 거론하기가 쉽지 않습니다.

그렇다면 일반적으로 '노년기의 성'에 대해 어떤 선입견을 가지고 있을까요?

첫째, "나이가 들어 성에 관심을 가지면 점잖지 못하다"는 선입견을 들 수 있겠죠. 어떻게 생각하세요? 정말 그럴까요?

당연히 아니지요. 우리가 앞에서 매슬로의 욕구위계이론에서도 배웠듯이, 성은 태어나면서부터 죽을 때까지 지속되는 인간의 기본적인 욕구이기 때문에, 나이가 들어도 성에 관심을 가지는 것은 극히 자연스러운 일입니다. 그래서 우스갯소리로 "일에는 정년이 있지만 성생활에는 정년이 없다"고 하는 것입니다.

둘째, "나이가 들면 성행위를 할 수 있는 능력이 상실된다"는 선입견이 있지요.

인터뷰를 해보면 정말로 많은 분들이 폐경과 더불어 성행위를 할 수 있는 능력이 상실되는 것으로 생각을 하는데, 발달이론에 의하면 나이가 들어가면서 노화현상이 일어나기 때문에 신체적 변화가 오는 것은 당연합니다. 하지만 그렇다고 해서 성적 능력까지 상실되는 것은 아닙니다.

마지막으로 "나이가 들어 성행위를 할 경우 건강을 해칠 수 있다"는 선입견인데, 사실 많은 분들의 생각과는 다르게 정기적인 성관계는 오히려 신체적·정신적 건강에 도움이 됩니다. 그럼 어떻게 도움이 되는지 한 번 살펴봐야겠지요.

우선 성행위를 하는 것은 어떤 운동보다 칼로리 소모가 높다는 사실입니다. 그러니까 일주일에 세 번씩 성생활을 가질 경우 7500칼로리가 소모되고 1년 동안 합치면 120킬로미터를 달린 셈이라고 합니다. 그래서 "성생활만 열심히 해도 살이 빠진다"는 농담을 주고받는 것 같습니다.

또 다른 이점으로 성행위를 하면 에스트로겐이 분비되어 빠져나가는 칼슘을 막아준다고 합니다. 그러니까 당연히 뼈도 튼튼해지겠지요. 이것만이 아닙니다. 성행위를 할 때 류머티스 관절염 치료제의 일종인 코르티졸의 분비 또한 촉진된다고 하지요.

또 있습니다. 성행위를 하면 계단을 걸어 올라갈 때와 같은 압박이 심장에 가해지기 때문에 심폐기능을 향상시켜서 뇌졸중이나 심근경색도 예방을 해준다고 합니다.

이것만이 아니죠. 전립선 질환에 대해 아시지요? 전립선은 남자들에게만 있는 장기입니다. 매일 만들어지는 정액은 전립선에 쌓이고 배출이 되지 않으면 썩는다고 합니다. 그러니까 성관계시 사정을 통해 정자를 배출하는 것도 전립선 질환들을 예방하는 것이 되겠지요.

이런 신체적인 이점들과 더불어 많은 연구결과들에 의하면 노년기의 성생활은 남자분들에게는 자존감, 그리고 여자어르신에게는 현실만족감과 관련이 있는 것으로 드러났습니다. 그러니까 한마디로 말해 노년기의 성생활은 신체적 건강뿐만 아니

이제는 여러분 스스로가 성에 대해 좀 더 적극적이고 개방적인 자세를 취하실 필요가 있는데요, 그렇다면 행복하고 성공적인 성생활을 위해서 필요한 것은 무엇일까요?

라 정신적 만족감을 얻는 데 기여한다고 볼 수 있습니다.

노년기의 성생활이 주는 이점들이 이렇게 많지만, 보통 어르신들은 성적인 욕구를 밖으로 표현하는 것을 터부시하고 부끄럽게 생각하기 때문에 그런 것들을 우리 수업과 같은 어떤 사회적인 프로그램을 통해 자연스럽게 바로잡을 수 있도록 하면 좋겠다는 생각을 잠시 해보았습니다.

노년의 삶에 행복을 주는 활력소

따라서 이제는 여러분 스스로가 성에 대해 좀 더 적극적이고 개방적인 자세를 취하실 필요가 있는데요, 그렇다면 행복하고 성공적인 성생활을 위해서 필요한 것은 무엇일까요?

무엇보다도 '노년기의 성'에 대해 바르게 이해하는 것입니다.

그러니까 성생활이란 많은 사람들이 생각하듯이 단순히 성교만을 의미하는 것이 아닙니다. 다시 말해 성생활에는 삽입에 의한 성관계뿐만 아니라 입맞춤이나 서로 보듬어 안아준다든지 쓰다듬어주고 애무해주는 것, 혹은 서로 손을 잡고 다정한 눈길을 주고받으며 친밀한 대화를 나누는 것, 그리고 넓게는 모든 일상생활에서 서로를 배려하며 기쁨과 사랑을 함께 나누는 것까지 모두 포함된다고 할 수 있습니다.

이즈음에서 잠깐 스킨십의 중요성에 대해 말씀드리고 싶습니다.

우리가 지난 시간에 남녀의 차이에 대해 배웠는데, 성생활에서도 남녀의 차이가 두드러집니다. 예컨대 남자들은 성행위 자체가 쾌락이고 기쁨이지만, 여자들은 자신이 상대방을 사랑하고 있다는 확신이 있을 때 다시 말해 상대방으로부터 충분히 사랑받고 있다고 느낄 때 성행위를 하고 싶고 또 즐긴다는 사실입니다. 그렇기 때문에 삽입을 하고 사정을 하기 전에 충분히 서로 스킨십을 나누는 것이 필요합니다.

나이 들어 성관계를 할 때는 더더욱 그렇겠지요. 왜냐? 젊은 시절에는 서로 콩깍지가 씐 상태이기 때문에 성행위를 할 때 바로 올라가서 사정을 해도 서로 즐거웠습니다. 하루에도 몇 번이고 반복해서 사정을 할 수도 있었는데, 그 이유는 서로 바라만 봐도 흥분이 되기 때문입니다.

이런 감정을 느끼는 것을 심리학에서는 '사랑의 유효기간'이라는 표현을 씁니다. 이 기간은 2년 6개월에서 3년 정도라고 하지요. 이 말은 보통 사람이라면 결혼생활 3년이 지나면 성생활에서도 어떤 노력이 필요하다는 것을 의미합니다.

그런 노력 중 하나가 바로 스킨십인데, 이를 통해 서로가 흥분도 되고 사랑받고 있다는 느낌을 충분히 가질 수 있겠지요.

물론 스킨십은 꼭 성행위를 하기 전에만 필요한 것이 아닙니다. 우리가 욕구이론에서 인간은 태어나서 죽을 때까지 사랑받고 싶어하는 욕구가 있다고 했는데요, 그 사랑받고 싶어하는 욕구에는 '사랑해'라는 말을 듣는 것뿐만 아니라 피부와 피부가 접촉되는 것을 통해 상대방으로부터 사랑받고 있음을 느끼고 싶어 한다는 것입니다.

〈님아, 그 강을 건너지 마오〉라는 영화에서도 98세 된 할아버지가 이런 대사를 하잖아요. "아직도 할머니 살이 닿지 않으면 잠이 안 와"라고요. 그리고 영화 속에서 노부부는 어딜 가든지 손을 꼭 잡고 다니잖아요.

따라서 일상생활 가운데 포옹도 자주 하시고 서로 마사지도 해주고 손잡고 팔짱도 끼고 더불어 서로에게 감사하다는 또 사랑한다는 표현까지 곁들이신다면 나이 들어도 신혼 때와 같은 사랑의 관계를 유지하실 수 있을 것입니다.

하지만 가부장적 문화 속에서 살아왔기 때문에 남자분들은 자신이 성생활의 리더가 되어야 한다고 생각하고, 여자분들은 자신에게도 성적 욕구가 있기는 하지만 그것을 표현하기보다는 배우자에게 순응해야 한다는 태도를 가지고 있는 편입니다.

이제는 세상이 많이 변했습니다. 성생활에서도 변화가 필요합니다. 부부가 서로 즐겁고 행복한 성생활을 하기 위해서는 서로 '동등하다'는 생각을 해야 합니다. 특히 남자분들은 성관계를 가질 때도 여자분들을 자신 마음대로 해도 된다는 생각을 할 수 있는데, 내 맘대로가 아니라 서로의 성욕구나 성감대 등에 대해 솔직하게 그리고 충분히 대화를 나눈다면 더 만족스러운 성생활이 될 것입니다.

이것도 성과 관련된 매너입니다. 간혹 발기부전과 관련하여 비아그라를 많이 찾는데, 비아그라 같은 성기능 치료제나 정력제는 반드시 의사의 처방을 따라야 합니다. 왜냐하면 이 비아그라를 잘못 복용하면 혈압을 감소시키기도 하고 두통이나 소화장애, 혹은 메스꺼움 등의 부작용이 나타날 수 있기 때문입니다.

마지막 매너로는 성과 관련된 질병이 있을 경우 빨리 병원에 가서 치료를 받는 것입니다. 이런저런 이유로 요즘은 성병에 걸리는 어르신들의 수가 증가하고 있습니다. 가장 많은 성병 중 하나가 '비임균성 요도염'이라는 것입니다. 어르신들은 증상이 심하지 않으면 병원을 잘 가시지 않는데, 간혹 소변볼 때 많이 불편하시다거나 아니면 팬티에 뭐가 많이 묻는 것 같을 때 너무 가벼이 넘기지 않으셨으면 합니다.

노년기에도 성에너지가 많을 뿐만 아니라 성생활은 우리에게 기쁨과 즐거움을 주는 원천이라고 할 수 있는데, 그렇다고 해서 무조건 나의 성욕구만 채우려고 해서는 안 되겠지요. 다시 말해 성생활에서도 서로 지켜야 할 매너가 있고 매너를 지켜서 성생활을 한다면, 그것이 노년기의 삶에서 행복을 주는 활력소로 작용할 것입니다.

행복한 이모작 학교 2

50+를 위한 심리학 수업

1판 1쇄 찍음 2017년 6월 27일
1판 1쇄 펴냄 2017년 7월 5일

지은이 강현숙

주간 김현숙 | **편집** 변효현, 김주희
디자인 이현정, 전미혜
영업 백국현, 도진호 | **관리** 김옥연

펴낸곳 궁리출판 | **펴낸이** 이갑수

등록 1999년 3월 29일 제300-2004-162호
주소 10881 경기도 파주시 회동길 325-12
전화 031-955-9818 | **팩스** 031-955-9848
홈페이지 www.kungree.com | **전자우편** kungree@kungree.com
페이스북 /kungreepress | **트위터** @kungreepress

ISBN 978-89-5820-466-4   03330

값 13,000원